Carolina Delboni
Juliana Pinheiro Mota

Lugar de fazer morada

Carolina Delboni
Juliana Pinheiro Mota

Lugar de fazer morada

Correspondência entre
duas amigas que se
abrigam nas palavras

Copyright @ 2021 Carolina Delboni e Juliana Pinheiro Mota

Todos os direitos reservados e protegidos pela lei 9.610 de 19.2.1998. É proibida a reprodução total e parcial, por quaisquer meios sem a expressa anuência da editora.

Produção editorial
mapa lab

Capa, projeto gráfico e diagramação
Adriana Cataldo | Cataldo Design

Bordados
Juliana Suassuna

Fotos
Mariana Vieira Elek

Impressão e acabamento
Grafitto Gráfica

Dados internacionais de catalogação na publicação (CIP)

D344l Delboni, Carolina.

Lugar de fazer morada : correspondência entre duas amigas que se abrigam nas palavras / Carolina Delboni e Juliana Pinheiro Mota. – Rio de Janeiro : Mapa Lab, 2021.

160 p. ; 18 cm.

ISBN 978-65-86367-21-8

1. Delboni, Carolina (Correspondência) 2. Mota, Juliana Pinheiro (Correspondência) 3. Escritoras brasileiras (Correspondência) I. Mota, Juliana Pinheiro II. Título.

CDU 821.134.3(81)-6

Bibliotecária: Ana Paula Oliveira Jacques / CRB-7 6963

 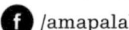 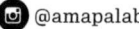

contato@mapalab.com.br | www.mapalab.com.br
/amapalab   @amapalab

A Antonio, minha imensidão.
Juliana

À companhia amorosa de Pedro, Lucas e Felipe.
Carolina

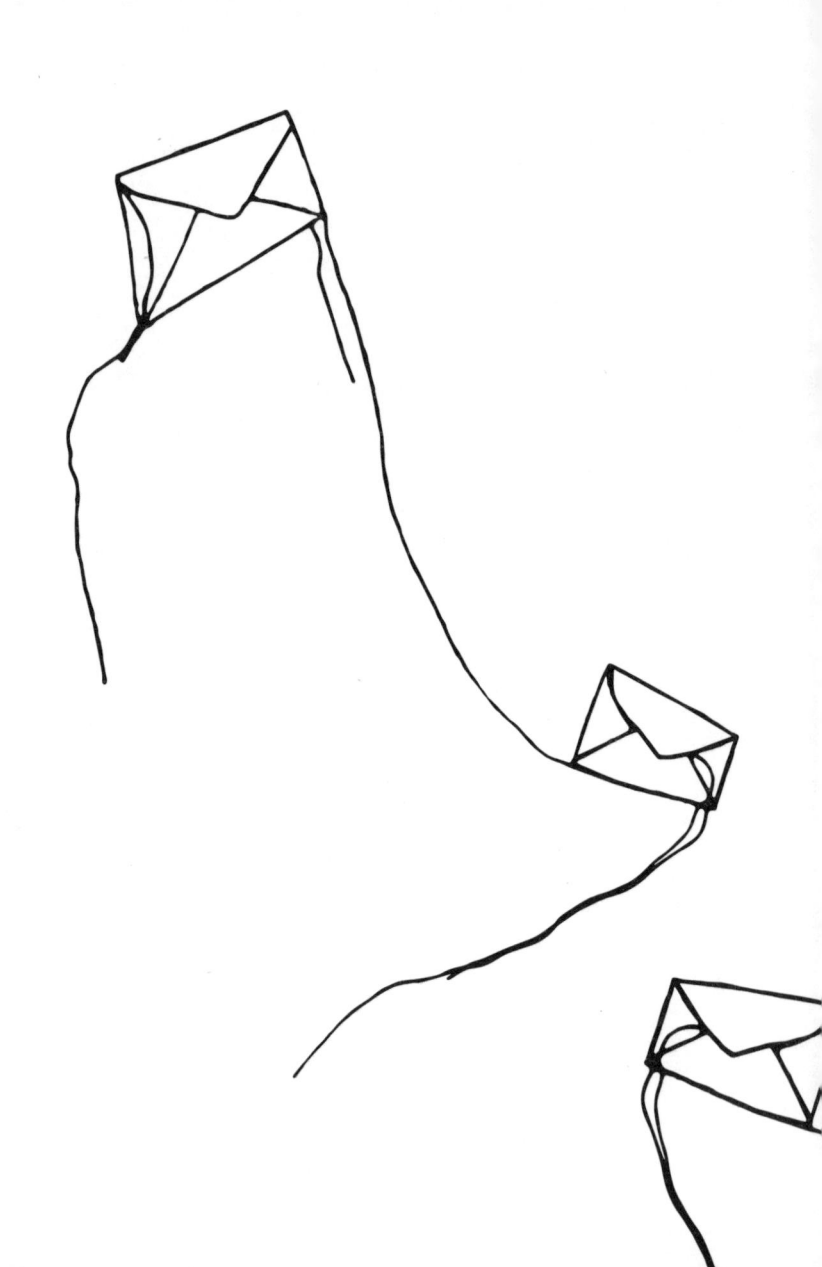

Sumário

Escribomancia, *por Aurea Vieira*	9
Uma relação epistolar	13
Cartas: um perfil, *por Carolina Delboni*	21
Cartas: presente, passado e futuro, *por Juliana Pinheiro Mota*	41
Cartas de uma quarentena	58
Um passeio pelos livros que nos inspiram	131
Referências bibliográficas	149
Índice afetuoso	151
Sobre as autoras	152
Agradecimentos	156

Escribomancia

Uma carta aberta costuma ser um instrumento de protesto, expressões publicadas para serem lidas por um grande público e com opiniões arraigadas, polêmicas e até cobrando um engajamento da sociedade. Émile Zola e Victor Hugo foram literatos que exigiram das autoridades posições humanistas que pretendiam acordar a sociedade. Há também as escrituras universais que são resultado de encontros e que celebram o viver junto – o pensar uma vida comum. São uma espécie de consigne para esparramar boas ideias, para fazer valer um pensamento que projete o futuro à sua utopia.

Durante a peste do coronavírus, Carolina Delboni e Juliana Pinheiro Mota foram inundadas de esperança, uniram-se na escribomancia particular já tendo o desejo que a amizade epistolar fosse lida por mais gente, assim, numa tentativa de aglomerar as mentes das pessoas pelo diálogo distante e fazer valer a linguagem da empatia. Essas verdades soltas em um abismo cibernético chegaram em boa hora em novos leitores atentos, amigos inesperados, olhos complacentes, mães culpadas, ombros largos, videoconferências desgastadas, semanas esmaecidas, tardes animadas e arroubos de otimismo. O tricô da Carol de um lado e a coreografia da Juliana de outro foram enlaces de pontos racionais e fulgores emotivos. E assim se seguiu ao longo de boa parte de 2020 e 2021.

Hoje, as correspondências se prestam como fármaco para nos preparar para o fim da enfermidade coletiva. Vamos ouvir o farfalhar das páginas ao virar e vamos olhar mais para o céu carregando o livro para voltarmos aos parques, à praia, ao ensimesmado domingo à tarde, aos dias chuvosos e a tudo o que propicia o regalo da leitura. São as missivas que acabaram travando os duelos afáveis das letras para construírem uma arquitetura de palavras enquanto houve um desmantelamento social tão brusco lá fora. Quando vemos como a pandemia ainda pôde ser mais cruel com tantos que não poderiam ficar em casa, a situação desnudou ainda mais nossas mazelas da desigualdade brasileira. Ao mesmo tempo em que foi preciso ir catando as pílulas de beleza cotidiana que despertaram em nossa frente, suas pequenas surpresas e aquele silêncio povoado de essência que é acolhido pelo pensamento.

Carolina e Juliana fizeram um exercício de listar graças diárias, de se concentrarem em cenas banais a fim de criarem ali um fulcro seguro que os aforismos perpetuam. Ler o que elas escreveram é um pouco entrar na valsa, no vai e vem de prosa que baila para dar ritmo um pouco mais racional para nossas cabeças que rodopiaram durante os dois últimos anos. Um mantra perpétuo de que "tudo vai passar" ao mesmo tempo em que é impossível ignorar tantas mortes que poderiam ter sido evitadas. Não é à toa que frases são sinônimos de orações ou sentenças. Sim, as autoras têm em comum uma paixão de pesar com vocábulos um entendimento sobre o nosso tempo, ora com uma certa alegria do pausar das coisas, divagando, orando; ora sentenciando ativamente, se posicionando contra o negacionismo de tantos, frente à inércia do poder público, frente à paralisia de ver amigos, família, de sair sem rumo, ao horror de perder pessoas próximas e de estar constantemente ameaçada pela finitude, o penar de não dar um abraço em quem encontrou furtivamente... de ter tranquilidade, enfim, de seguir vivendo.

Portanto, essas mensagens privadas que já nasceram abertas são um esteio à saúde mental, uma teimosia benéfica, são inquestionável resistência que procura o bem-estar comum, uma perseverança em não deixar esmorecer a convicção no mundo encorajando a amizade, a autoestima, o bem-querer. Essas linhas de vidas femininas não procuram esconder as viscerais e fatigantes consequências trazidas por um flagelo que assolou o mundo, elas são plenas de destemor e, agora publicadas, querem ecoar, sair por aí, ir além, se juntar com quem mais suspirar. Será impossível não se reconhecer, as epístolas de Carol e Juliana são organismos vivos dentro de nós, e lê-las seguramente provocará uma empatia que, de sobressalto, você responde "eu também!" e aí toma-se fôlego, eis então, a Vida com V maiúsculo que queremos recomeçar.

Este livro se anuncia como lugar de fazer morada. Há cartas que nos fazem ir para rua, há cartas que se oferecem como casa. Então, faça como eu fiz, entre que a casa é sua e já se sinta bem-vinda porque aqui tem um teto alto, um chão sólido, um lugar quente, um frescor que bate, incontáveis boas intenções e uma fartura de conhecimento de si mesma.

Aurea Vieira
Formada em filosofia, em busca de epifanias e cartarses num mundo como vontade. Autora da coluna From A to Vie, do Radar55.

Uma relação epistolar

O mundo nunca prescindiu de comunicação; menos ainda de sociabilidade. Dos afetos, então, nem se fala. Mas, subitamente, nos vimos isolados. São Paulo ficou deserta, sua pulsante vida cultural se transformou em silêncio. Fomos proibidos de andar de mãos dadas, abraçar, dançar de rostos colados. Rodas de samba, teatros, shows ou cinemas viraram uma saudade aguda. Flanar pelas ruas da metrópole e passear por livrarias, museus e galerias de arte precisou ser adiado para um futuro incerto. Horas à mesa daquele restaurante não estavam mais disponíveis. Procurar inspiração nos ateliês de designers de moda, costureiras e artesãs que criam peças nunca antes vistas tampouco era uma opção. Atividades físicas apenas por aulas on-line. De repente, nossos filhos não podiam mais frequentar a escola. As festas, de todos os tipos, cores e faixas etárias, foram canceladas. Fez-se mandatório esconder nosso rosto atrás de máscaras. Tudo assim, do dia para a noite, sem aviso prévio.

Era o início da quarentena, março de 2020. Nasceu, aí, nossa relação epistolar.

Tornar pública a nossa troca de cartas, usando o Instagram como suporte, foi a maneira que encontramos para trazer à luz certa dose de otimismo, mesmo que na marra. Encaixamos nossas ideias e nossos sentimentos dentro de telas iluminadas, com o desejo de que essa troca extrapolasse nós duas. Havia um fluxo de consciência que precisávamos expurgar do corpo e da mente, indissociáveis que são. Percebemos, então, que trocar correspondências é estar em movimento, estar vivo.

Num exercício de aquietar a alma, escrevíamos sem parar em nossos perfis do Instagram. E, assim, líamos uma à outra com frequência também. Era como se ensaiássemos o vai e vem da nossa correspondência — que viria dali a três meses —, mas, no início, ainda estava sem forma nem destinatário específicos. Porém existia o desejo, gentilmente expressado por nós duas em mensagens via Instagram, de criarmos algo juntas.

Nada mais simbólico do que escrever cartas, não só porque fazia sentido naquele momento em que a saudade dos afetos batia todos os recordes. Mas, também, por conta da nossa história. Olhando em retrospecto, certamente éramos (e seguimos sendo) espelho uma para outra. Somos jornalistas, as palavras nos são uma forma de existir. Começamos nossas carreiras na *Vogue*, quase duas décadas atrás. Época em que a revista era uma potência sem igual, sob a batuta de Ignácio de Loyola Brandão.

Somos mulheres, brancas, de classe média. Habitamos na aspereza urbana de que é feita São Paulo, mas sempre arranjamos um jeito de fugir para ver o mar — e amar. Também, vez ou outra, escapamos para debaixo de alguma árvore da metrópole. Somos também seres maternais, absolutamente apaixonadas pela educação, assunto que tanto colaborou para a liga entre nós. Duas mães de meninos: Carolina é mãe de Pedro (17), Lucas (16) e Felipe (13). Juliana, de Antonio (5).

E cá estamos, pois "escrevemos o que somos, e somos o que lemos". A reflexão da escritora Natália Timerman em uma de suas respostas para o site Angústia Criadora, especializado em críticas literárias, é a perfeita tradução do nosso processo até aqui — e assim permanecerá.

Enquanto uma de nós narrava sobre a pia de sua família, sempre com trezentos copos para lavar, e convidava os leitores a entrar e reparar a bagunça, a outra contava sobre como a dança andava salvando seus dias sozinha com uma criança pequena e sobre como incentivava a audiência com jogos de palavras como "Mu|dança" e a hashtag mote #danceatéopulmãoinflar.

Aqui e acolá, nós passamos a nos corresponder, num primeiro momento, em fragmentos, como: "Mu|danças. Coisa mais linda que é ver o mundo esperançar, Carolina." Ou: "Falta de amar não há, Juliana."

A carta que inaugura nossa coreografia de escritas data de 17 de junho de 2020, assinada por Juliana. Uma resposta a uma postagem que Carolina havia feito dias antes. Juliana avisou ao enviar a carta em forma de post: "Carol, escrevi uma carta para você. Temos algo para fazer juntas!". E rascunhou o título do projeto num papel pautado que estava à mão: *Cartas de uma quarentena – Correspondência entre (duas?) amigas que se aconchegam nas palavras*.

Ao que Carolina retribuiu: "Acho lindo! Talvez 'duas amigas'. Hum... É detalhe, mas fui buscar sinônimos de aconchego e veja se gosta de 'abrigam'. Com aconchego a gente se aquece, se conforta. Com o abrigo a gente faz morada."

E assim decidimos o nome da nossa parceria: *Lugar de Fazer Morada: Correspondência entre duas amigas que se abrigam nas palavras*.

Daí, veio a arte. Carolina sugeriu a referência de *Cartas extraordinárias: Amor* (Companhia das Letras, 2020), organizado por Shaun Usher; Juliana lembrou de uma edição em inglês de *Cartas a Milena*, de Franz Kafka. Rapidamente, o designer carioca Claudio Reston, amigo de longa data de Juliana, nos enviou duas artes: azul para cartas destinadas a Carolina, e amarela para as enviadas a Juliana. Que paz traz o azul do céu e do mar, paisagens sobre as quais tanto proseamos! Mas temos uma coisa com o amarelo, talvez por gostarmos de dias de sol, ou quem sabe por termos sempre flores em casa – adoramos as margaridas e os girassóis.

Fato foi que, dali em diante, as cartas que vira e mexe escrevemos uma à outra funcionaram como uma espécie de exercício exploratório do nosso universo particular em quarentena. Compartilhamos palavras, ora animadas, ora entristecidas, evocando a ternura de quando nos correspondíamos com nossos avós, familiares e amigos por cartas escritas à mão e postadas nas agências dos Correios, durante a infância e adolescência. Esse tipo de sensação a gente não esquece — mesmo que, agora, a coisa toda tenha acontecido sem o encantamento do mundo analógico.

Ao criar este livro, refletimos ainda mais sobre esse gênero literário e apuramos sobre essas facetas da escrita de cartas, que nos atravessa de tantas formas. Em "Cartas: um perfil", Carolina se debruçou sobre a importância histórica e literária das correspondências como registros de determinadas épocas. E, assim, tocamos também na melancolia romântica de outrora, quando as cartas eram redigidas de próprio punho ou datilografadas na máquina de escrever, com selos e carimbos nos envelopes — e algumas até vinham com cheiros.

Já no texto "Cartas: presente, passado e futuro", Juliana investiga como seguimos nos correspondendo o tempo todo, na realidade. Uma nova forma de fazê-lo, enlouquecidamente veloz e fragmentada, porém, ainda assim, com semelhantes intenção e finalidade. Seja por e-mails, ou por mensagens via aplicativos, nos comunicamos uns com os outros. Estamos escrevendo e lendo uns aos outros. Sempre com destinatários pensados.

Afinal, este livro só existe graças à tecnologia, pois ele nasceu a partir das cartas publicadas em forma de posts no Instagram. Com as correspondências revisitadas, e as mais recentes inéditas, a versão impressa, portanto, pode ser considerada uma espécie de prova do quão interessante é essa troca incessante que o cotidiano digitalizado nos proporciona. Que ninguém duvide de sua força, quando bem usada!

Descobrimos que temos as palavras para nos abrigar e a nós para escrevê-las. Fizemos morada com nossas cartas tão cheias de filhos, aulas on-line, cansaço, pensamentos, sentimentos... São tantas as nossas trocas literárias, culturais, gastronômicas, musicais e mais um monte daqueles assuntos que a gente diz serem "coisas do cotidiano".

No livro, as cartas estão impressas para que outras pessoas possam nos ler, agora no papel – essa tecnologia incrível que inventaram há três mil anos. Algumas em suas versões originais, mais longas. As mais recentes, inéditas. Umas mais densas, outras mais suaves – tudo dependia do dia e das notícias que os jornais traziam para ele.

Enquanto escrevíamos, acompanhávamos, profundamente entristecidas, o descontrole da pandemia no Brasil. Lá por junho de 2020, quando começamos oficialmente esta troca, o número de mortes por covid-19 era de 59 mil, e continuava a crescer e a assustar deveras. Final de 2021 e já são mais de 600 mil vidas perdidas. Vivenciamos uma daquelas marcações na linha histórica que vai deixar sequelas ainda nem mapeadas. Talvez, pela primeira vez, não almejamos o futuro simplesmente, mas a possibilidade da criação de um novo amanhã, algo diferente das supostas seguranças do passado.

Por isso escolhemos nos abrigar dentro da palavra, pelas cartas, pela memória. Há quem tenha escolhido as plantas, os livros, a fermentação natural, as aulas virtuais de ioga, a meditação ou a arte, em suas diversas formas. Cada um, à sua maneira, criou um abrigo. Todas as escolhas que nos possibilitaram manter o pulmão aceso e vivo. Escolhas que nos permitiram manter o lastro da esperança. Foi um jeito de não desistir, de não soltar a mão.

Este livro certamente é o nosso jeito de continuarmos juntas. De "esperançar".

O livro está aí como uma das nossas conquistas dessa quarentena sem fim, repleta de luto e, paradoxalmente, de vida. Ainda bem que inventamos tanto para criarmos juntas! As trocas e as cartas não se encerram por aqui, mas elas se fortalecem no papel. Com certeza, nossa mais bonita interseção.

Nosso lugar de fazer morada.

Cartas: um perfil
por Carolina Delboni

São muitas as vezes que preciso escrever para entender o que estou sentindo, entender as coisas do mundo. Gosto de escarafunchar palavras, de investigar significados, analisar sinônimos. E gosto do tempo que elas têm no papel. Na certeza de estarem ali, imóveis, para que a gente tenha respiro para ler e fôlego para sentir, em uma cumplicidade precisa. Sempre gostei deste lugar da escrita.

Cresci trocando cartas com minhas avós que moraram onde a terra é vermelha. Uma delas era festeira e a outra, costureira, e formavam a rima perfeita. Uma era pura expansão, a outra era mais contenção. Filha de espanhóis, minha avó Belinha costurou para sustentar cinco filhos. Cresci vendo-a abrir papel de pão sobre a mesa da cozinha e tirar o molde das roupas. Toda tarde em que eu passava para fazer visita e pegar balas 7 Belo do pote na sala, a encontrava agachada, com agulhas entre os lábios e fita métrica em volta do pescoço, vestindo alguma cliente. "Essa é minha neta mais velha, Carole. Ela não é bonita?". E, assim, me apresentava para toda a cidade.

Quando estava longe, era eu a cliente. Mandava cartas com recortes de revistas e referências de tecidos. Dizia como queria aquele vestido ou aquela saia e lá ia ela em busca dos meus pedidos. Eu ansiava pelo dia do correio. Pelo dia do pacote que vinha junto de uma carta em que ela explicava tudo sobre a roupa. Escrita em folha de caderno, com os rabichos recortados pela tesoura. Por anos, a gente cuidou da saudade assim, trocando cartas, reconhecendo a pulsação de cada uma pela letra no papel.

Norma Yolanda é o nome da minha outra avó, a materna. Essa, descendente de italianos, região da Aquileia, antes pertencente à Áustria. Aprendi com ela o poder do batom. Não lembro de tê-la visto com a boca desnuda e sempre variando o tom na cartela dos rosas. Amava um pink. Eu adorava suas gavetas cheias de maquiagens, a bancada de batons, os vestidos longos nos armários e os inúmeros brincos e colares. Ela tinha um cabideiro cheio deles. Chiquérrima, sempre achei. E era por esse universo que a gente trocava cartas. Ela me confidenciava um ou outro amigo mais encantador, eu narrava meus casos de amor, minhas sofrências e todas as dúvidas incuráveis de uma adolescente. E mais do que paciência, ela tinha interesse no universo da menina que ainda pouco sabia.

Volto às cartas quase sempre como um resgate de memória, como um fio amoroso da minha história. Cartas contam sobre a gente, numa combinação perfeita das palavras com o tempo vivido – ou o tempo impresso. Sou mãe de três meninos, Pedro, Lucas e Felipe, e o avô deles, Ignácio de Loyola, escritor, também escolheu contar coisas (e causos) por cartas. Uma delicadeza entre duas gerações aparentemente tão distantes, tão distintas.

Será? Não acredito nessas marcas tão pequenas. Gosto de pensar que os meninos têm uma gaveta em que guardam as cartas que recebem do avô, com mãos cheias de cuidado. Uma singeleza, como gosta de dizer minha amiga Juliana.

Singeleza esta tão recorrente e presente nas histórias, tanto a que a gente aprende na escola quanto a que lemos na literatura. O que me leva a fazer o resgate de um ensaio lindíssimo da escritora Natalia Ginzburg, no livro *As pequenas virtudes*. Ela conta do exílio com a família, em Abruzzo, interior da Itália, de onde ela trata da saudade e das instâncias da própria vida – essas que a gente coloca em cartas, sela e envia pelo correio. No texto "Inverno in Abruzzo", ela escreve:

> a saudade aumentava dia a dia em nós. Certas vezes era até prazerosa, como uma companhia terna e levemente inebriante. Chegavam cartas da nossa cidade com notícias de casamento e de mortes das quais éramos excluídos. Às vezes a saudade era aguda e amarga, e se tornava ódio. Mas era um ódio que mantínhamos oculto, reconhecendo que

era injusto... Os sonhos nunca se realizam, e assim que os vemos em frangalhos compreendemos subitamente que as alegrias maiores de nossa vida estão fora da realidade. Nos consumimos de saudade pelo tempo em que ferviam em nós. Nossa sorte transcorre nesta alternância de esperança e nostalgia.

Ginzburg fala da esperança, da nostalgia e das cartas que traziam notícias de casa. Boas ou ruins, receber uma carta de alguém distante neste contexto de exílio estava para além do prazer. As cartas traziam notícias do que acontecia do lado de lá, função essa sempre existente nas entrelinhas desse gênero tido como epistolar.

Inconscientemente, talvez tenha sido nessa busca por "notícias do lado de lá" que nós duas, eu e Juliana, começamos a nos corresponder. Buscar abrigo nas palavras pareceu um caminho certeiro para acalmar as angústias, compreendê-las e ter a dimensão de que não estávamos sozinhas. Tivemos, e temos, uma a outra.

E em um tempo em que falta tanto de tanto, ter uma amiga a quem se possa abrir as portas de casa sem ter que arrumar a bagunça pareceu-me dos melhores remédios. Das melhores escolhas como alternativa de escape a essa lacuna tão dolorosa e duradoura que marcou nosso calendário.

Não sou uma especialista em cartas, história ou literatura, mas fui buscar saber mais. Queria tentar entender o que faz do gênero um lugar de autoconhecimento e resguardo. Um lugar onde é possível espiar pela janela e anunciar onde estão as intimidades para ampará-las, e não aparar.

Existe um consciente imaginário de que é um gênero lírico, poético, mais sensível e capaz de encorajar uma conversa delicada, pausada e verdadeira. Fico pensando se as cartas nasceram desta vontade, do desejo de estabelecer um lugar onde tudo pudesse ser dito de maneira que os sentimentos incutidos nas palavras fossem preservados e assegurados. Onde mais a gente pode falar em segredo? Com privacidade? Cartas me soam confiáveis.

Tanto são que foi por onde escolhi contar segredos quando na adolescência. Lembro-me de ter escrito uma carta de amor ao primeiro menino que me despertou aquela coisa de "coração pulsante". Não me lembro como e nem o porquê, mas dividi o conteúdo com meu pai. Eu estava com vergonha de dizer ao tal menino que gostava dele e lembro do meu pai dizendo que era uma carta linda, que eu a deveria entregar cheia de coragem por ter falado sobre o que sentia de maneira tão confiante.

E é preciso confiar no outro para dizer as coisas que vem do coração. Para deixar a marca de um choro no papel ou mesmo para abrir espaço para o silêncio. Tem um trecho das cartas que Mário de Andrade e Manuel Bandeira trocaram que talvez exprima o exato lugar de onde as cartas fazem morada. Mário começa contando que em casa está tudo bem, nada sério que justifique a escrita, apenas "eu careço de um amigo". "Você sabe: vontade de conversar; vontade de ter alguém junto palpitando, até sem falar. O silêncio junto é a melhor coisa da amizade, já reparou?"

Por vezes, foi esse lugar que nossas cartas habitaram e que muitas delas habitam: o peito do outro. Às vezes, em sigilo, às vezes, palpitante. Saber que tem alguém do lado de lá para receber — e escutar — os barulhos e silêncios que a gente carrega é uma das funções poéticas que as cartas portam em sua forma. Nem sempre precisam de uma resposta imediata, precisam de alguém que as receba.

Endereçar o que a gente sente a alguém é de uma grandeza tamanha que só poderia mesmo caber na delicadeza do papel. Está aí uma das coisas que mais me capta nas cartas: elas só existem porque existe um destinatário. É o único gênero da literatura que revela quem está do lado de lá.

Está lá, no topo da página, o nome desse alguém, além do local de onde se escreve e a data. Algo que pode parecer bobo, pode passar despercebido de tão óbvio, mas é singular. Escreve-se a alguém, para alguém. Cartas só existem porque duas ou mais pessoas se correspondem por meio delas. É a possibilidade de corresponder. Mas corresponder ao quê? Ou a quem?

Diria que ao nosso tempo interno e ao tempo do outro. Existe um dispor-se quando a gente escolhe escrever uma carta a alguém. Uma entrega. Em outro trecho de Mário de Andrade a Manuel Bandeira, o poeta começa descrevendo o domingo de sol. Está sentado em sua escrivaninha de frente ao pé de laranja que floresce no quintal: "O tempo está calmo meu amigo, os passarinhos cantam e é daqui que lhe escrevo para contar novidades."

É de uma singeleza que muito nos releva quando as entrelinhas da escrita são capazes de deixar expostas as diversas camadas em que uma carta se configura. Não à toa, elas investigam as experiências humanas. Como se, para compreender o tempo, precisássemos escrever. E é exatamente o que fizemos, eu e Juliana, em nossas correspondências durante a quarentena. E talvez esta seja outra de suas funções: amparar as fragilidades humanas.

A escrita sempre me foi recurso e escolha. Mário de Andrade dizia que a gente escreve para ser amado e desde pequena eu precisava de uma folha em branco em um caderninho qualquer para escrever e escrever. Despejar ali todas as minhas dúvidas e os meus sentimentos. Tentar achar respostas para elas ou, minimamente, enfrentá-las diante do papel. Fui a menina dos diários e fui a menina que sempre falou por cartas. Gosto do tempo da conversa no papel, sem pressa e gentil.

Colecionei papéis cheirosos, troquei com amigas no recreio da escola e guardei alguns como lembrança de um tempo. Pura nostalgia, mas que me salva do presente em muitos momentos. Hoje, adulta, volto de viagens com a mala pesada de cadernos e blocos de cartas. Sempre entendi que este era um meio em que as conversas serenas tinham lugar.

Talvez porque as cartas concedam espaço para que o "eu" exista sem julgamentos prévios e, posteriormente, possa ser acolhido. Um lugar onde o ato de escrever abre espaço para diagnosticar os tempos e a própria ocupação de identidade nele. Algo que a escritora Virginia Woolf fez com maestria em todas as suas escritas, fossem cartas, ensaios, diários ou romances. Clarice Lispector também.

As duas escritoras acessavam as incertezas humanas com a pontinha dos dedos. Debatiam sobre feminismo quando o termo ainda nem era uma bandeira e observavam as ruas como ninguém. Isso transparece — e aparece — em determinados momentos nos diários de Virginia Woolf em que ela questiona seu lugar na literatura e sua capacidade como escritora.

"Bom, sabe, sou um fracasso como escritora. Estou fora de moda; velha; não vou melhorar em nada", desabafa em 8 de abril de 1921. Um trecho pequenino, mas que está impresso para ser eternizado. Palavras no papel têm disso: colaboram para fincar na linha histórica da gente todas essas interrogações que constituem quem somos e dão pistas dos rastros pelo caminho — a gente deixa rastros, sempre.

Fico pensando que talvez sejam estas pistas que inúmeros escritores e escritoras consentiram deixar, mesmo que inconscientemente, em cartas e diários e que os acadêmicos da literatura tanto buscam investigar. Porque além de uma leitura descompromissada e prazerosa, é por elas que a gente adentra a intimidade de cada um. É a possibilidade concreta de descortinar aspectos da vida pessoal para entender a obra pública.

Por onde mais eu poderia saber sobre a relação da escritora Clarice Lispector e sua irmã Elisa, senão nas correspondências que trocavam e foram publicadas no livro *Todas as Cartas*?

Nápoles, 12 de janeiro de 1945.
Elisa, querida:
Recebi cartas formidáveis de vocês, e como disse a Tania, tenho vontade de provocar para receber, também, carão, é verdade, mas cartas grandes. É

que quando estamos juntas não escrevemos cartas e parece que é escrevendo que se podem dizer certas coisas.

Por onde mais eu poderia saber dos entraves na relação do escritor Franz Kafka e seu pai Hermann, senão nas cinquenta páginas que ele escreveu e nunca enviou?

Eu nunca saberia que o francês Gustave Flaubert se debruçava incansavelmente sobre questões de sua escrita literária, a qual rejeitou por muito tempo, não fossem as cartas. Um escritor que tinha no fazer um ofício, e acreditava que essa era a única condição capaz de salvá-lo de qualquer loucura da natureza humana.

Semana ruim. O trabalho não andou; eu tinha chegado a um ponto em que não sabia mais o que dizer. Eram nuances e finezas onde eu não via mais nada, e é muito difícil tornar claro por palavras o que está obscuro ainda no pensamento. Fiz esboços, rasguei, chafurdei, tateei. Talvez agora eu me reencontre.

Isso é de uma beleza sem precedentes. Escrever em primeira pessoa não é tarefa fácil, muito menos confidenciar as lacunas que disfarçam nossa pequenez frente aos outros. Penso que colocar no papel sempre foi uma forma de transmutar. Quase um lugar de libertação das dores, das dúvidas e do próprio tempo.

Um registro que abre espaço para a compreensão e a dimensão da vida – seja ela privada ou pública. Quase uma permissão à delicadeza constante de olhar os acontecimentos dela. Em um formato em que é possível o fluxo de ideias num ir e vir fluido, sutil. Em que as palavras, com a possibilidade do movimento, são capazes de ressoar, e tocar, de maneira mais gentil.

Faço uma analogia a uma cena que carrego da infância. Sempre assisti meu avô Bruno sentar-se no alpendre com o jornal em mãos para fazer a leitura. O jornal terminava e lá ele ficava. Cochilava, abria o portão para as clientes da minha avó que chegavam, conversava com o seu Mauro, o vizinho da frente, saia na calçada para dar uma voltinha e, mesmo sem querer, estava ali espiando a janela da vida alheia.

Sempre soube de tudo. Sempre se soube de tudo. A vida no interior e a permissividade que se tem de adentrar a casa do outro é a metáfora ideal para a gente entender o que significa ter em mãos uma carta de outra pessoa. Não é por acaso que cartas ficam guardadas em gavetas (muitas com chave) ou em caixas em locais inacessíveis nos armários. Não é como uma revista que a gente deixa sobre a mesa.

Fico pensando qual outro gênero consentiria tamanha invasão de privacidade na vida alheia. O diário pode ocupar esse lugar em termos uma vez que a apropriação é da própria vida de quem o escreve. Mas ambos os estilos são muito próximos quando a gente pensa na organização de uma temporalidade, no registro de dias e épocas. Só que os diários são mais autobiográficos, investigavam, e ainda investigam, a existência humana. Enquanto as cartas falam das experiências humanas. E para quem eu quero contar sobre meus caminhos e percursos?

Quem eu deixo ver — ou deixo saber — de coisas que eu fiz, experiências que tive ou gostaria de ter? Para quem eu revelo meus segredos? E desejos?

A interseção entre cartas e diários é inevitável. Certamente pela própria impossibilidade de separarmos nossas experiências humanas da respectiva existência. Uma constitui a outra. E, por vezes, cartas nascem de diários e cartas vão parar nas páginas do diário. Os tempos históricos circulam pelas correspondências e os diários são espaço de escrita em que se elabora os acontecimentos.

Como fala Virginia Woolf em *Diários de Virgínia Woolf:* "Dizer a verdade sobre si mesmo, descobrir a si mesmo de tão perto, não é coisa fácil." Longe de ser. Concordamos, Virginia. "O homem que está consciente de si mesmo é, a partir daí, independente; e nunca está entediado."

Me lembro também do que disse o escritor Marcelo Tápia, numa entrevista concedida ao canal Arte1 em que afirma que "o grande valor da obra é como ela incide na realidade", e fico pensando o quanto é provável que isso explique o interesse histórico em investigar a trivialidade humana porque, para além da intimidade, também diz sobre a própria História de determinado tempo.

Entre a escolha inconsciente e o pensamento concreto, quando eu e Juliana elegemos as trocas de cartas na pandemia, sabíamos que todas as supostas feridas estariam presentes em cada linha da escrita, ainda que fossem como coadjuvantes. Algo atrás das cortinas, por vezes revelada, por vezes velada. A leitura que fizemos deste tempo está marcada no papel e seria impossível escrever de outra forma.

> *Sabe, minha amiga. Mesmo que o entusiasmo*
> *não te visite nesses dias sem céu.*
> *Precisamos saber que ainda assim vivemos inteiras.*
>
> Natalia Menhem, *Descontinuidades*

O dia a dia dentro de casa, os copos sujos na pia, os filhos entristecidos e fechados com os pais 24 horas por dia em plena infância ou adolescência, a moradia que mais abriga do que briga, as plantas, a busca por novos fazeres e as incansáveis horas em frente a tela (ou espelho) só se justificaram – e justificam – existir na escrita de nossas correspondências porque se contextualizam dentro de um tempo que é histórico.

E para acolher este tempo, precisávamos não de um esconderijo, mas de um lugar em que coubesse pequenos encontros com a delicadeza. E durante um momento de tantas incertezas no país, em que o futuro é incerto, onde a gente acha, ou busca, um lugar seguro? No passado.

Passado como ferramenta possível para lidar com o presente e com a imprevisibilidade do futuro. Veja que contradição: a gente, que vive de olho no futuro, no que pode ser possível ou sonhado, precisa resgatar o lugar conhecido e quentinho que parece só existir no passado. Todas as surpresas ali são conhecidas. É terreno seguro. E quem não quer pisar em terra firme?

Este é o tempo em que vivemos, em que nos debruçamos sobre as palavras no papel justificando a existência e a resistência. Cá estamos, vivas, em meio de tantas mortes, falando dos sentimentos e das sensações que parecem se alojar no peito feito concreto, peito que não suporta tudo. Daqui, vou tentando dobrar as esquinas de casa para encontrar outros lugares, outras possibilidades. E a cada canto novo, eu me sento e escrevo uma carta.

Um recurso disponível da língua escrita a favor dos sentimentos humanos há séculos. Ufa! O bibliófilo José Mindlin fala, em "Cartas para que vos quero?":

"não sei quando as cartas foram inventadas, mas foi, inegavelmente, uma grande invenção". Foi, certamente foi. Haja visto que o gênero permanece vivo e atuante em dias tão tecnológicos e digitais.

Pense: com tanta tecnologia e digitalização dos meios de correspondência, por que ainda se escreve cartas? Lembrei de como o filme *Central do Brasil* tocou tanta gente com a figura da atriz Fernanda Montenegro, na estação, como escriba.

Ainda que ela tenha forjado todas aquelas cartas, tinham um significado imenso. As cartas e suas narrativas carregavam o tamanho da saudade daquele povo, continham notícias da cidade grande e ostentavam promessas, expectativas e amores. Todas, palavras em movimento, ou histórias, num bonito ir e vir. Uma das bonitezas de se escrever uma carta.

Aprofundar-se por este gênero é algo lindíssimo e, de alguma maneira, é um acalanto ao coração em tempos tão ásperos e líquidos, como o termo utilizado pelo sociólogo polonês Zygmunt Bauman. "Os tempos são 'líquidos' porque tudo muda tão rapidamente. Nada é feito para durar, para ser 'sólido'". Mas cartas são sólidas. Não se apagam. Se queimam ou se rasgam, mas apagar ou deletar, jamais. A gente deixa rastros, lembra?

Em anos tão cruéis como os que vivemos, gosto de imaginar que resiste às mudanças do tempo a figura do carteiro a carregar nos ombros uma sacola abarrotada de histórias de outras pessoas. A imagem sempre me fascinou – e fascina até hoje. É de uma graciosidade que chega a ser poética. Sim, carteiros são figuras poéticas que resistem e existem sobre um tempo que transpassa e escapa.

Cartas documentam biografias, apontam trajetos individuais, são fonte de pesquisa e testemunho de cenários de época e confidenciam pensamentos. De reis a rainhas, uma burguesia inteira, a escritores, artistas, romancistas, políticos e gente como a gente. Caminhar por esta vasta literatura epistolar é uma maneira de situar-se entre os espaços da ficção e não ficção, da literatura e da história.

Cartas sempre foram uma possibilidade factual aos diálogos distantes e revisitar a história é sempre uma oportunidade de desvelar as entrelinhas desse tempo. E estão aqui as cartas para nos contar sobre o tempo imutável e intransponível.

É um gênero repleto de variantes, formatos, possibilidades e funções. Por onde se descortinam muitos elementos, sejam eles por meio de cartas de amor, reclamação, reivindicação, trabalho, carta ao leitor, carta ao amigo, ao inimigo, comercial, aberta, argumentativa... O gênero epistolar é amplo e cabe diversidade nessa cadência de conversas. E é gostoso imaginar que esse lugar quase poético, lírico, exerça tantas funções.

Toda carta tem uma história para contar e toda história tem uma carta a revelar. Talvez seja tempo para cultivo dos afetos. Talvez seja tempo, não da nostalgia, mas dos lugares confortáveis. Daquele lugar que permite a gente cavoucar, cavoucar e achar as raízes, não ficar apenas rodeada por buracos.

Olha, eu sei que o barco tá furado e sei que você também sabe, mas queria te dizer pra não parar de remar, porque te ver remando me dá vontade de não querer parar também. Tá me entendendo? Eu sei que sim.

Caio Fernando de Abreu

Eu sei que sim. A gente não pode parar de remar. A gente não pode parar de escrever. Termino este texto deixando um convite para você entrar nessa escrita quentinha e acolhedora das cartas... Escreva uma carta. A alguém que você não fala faz tempo ou a alguém com quem você acabou de falar pelo celular. A alguém que mora muito, muito longe ou ao vizinho. Escreva a você mesma. Escreva a um desconhecido. Escreva. Deixa escorrer pelo papel.

Outro dia escrevi a meus filhos com quem dividi morada 24 horas por dia, por longo espaço de tempo e ainda que tenhamos partilhado a mesa de refeições três vezes ao dia, faz um bem danado perguntar "Como vão as coisas por aí?".

Meninos,

Como estão vocês três aqui em casa?

Pergunta estranha, né? A gente tão pertinho todo dia e parece até não fazer sentido. Mas sabe que, às vezes, a gente esquece de olhar para o outro com esse cuidado, com essa delicadeza. Ficamos tão perto, tão colado que a presença basta. Mas não basta, né? Porque só mãe não basta, só filho não basta. E isso não é falta de amor — pelo contrário, isso é entender sobre os meandros do amor.

A gente anda sentindo falta de tanta coisa. De um tanto de outra gente que ajuda a dizer que o dia está ótimo. Que ajuda a gente a sorrir. Outro dia a mamãe escreveu sobre o sorriso. Porque parece que perdemos esse encanto pelo meio do caminho e ficou mais dolorido atravessar os dias. Mas olha, sorrir ampara muita coisa.

Lembrei aqui do Rubem Alves, um educador que escreveu e disse coisas lindas e, entre elas, tem uma sobre o tempo. Ele disse que "o tempo pode ser medido com as batidas de um relógio ou pode ser medido com as batidas do coração. Aquilo que o coração ama fica eterno". E fiquei pensando numa maneira gentil da gente eternizar esse tanto de tempo que temos vivido juntos. Andamos vivendo tanta coisa, não é?

Brotamos aqui dentro de casa neste largo intervalo juntos. Estava tão gostoso todo mundo junto ontem na sala assistindo ao Oscar. Um Oscar que parecia não Oscar, mas era Oscar e de repente tinha ali um lastro de norma-

lidade da vida que a gente conhece e deu conforto. Fingi até esquecer do relógio para não dizer que estava na hora de dormir.

Estamos todos cansados, eu sei. Mas todo este tempo me faz pensar que ainda que a gente se canse, brigue, se irrite e não se suporte em muitos momentos, temos nos cuidado. A gente junto tem dado conta de se apoiar um pouquinho a cada dia. Dividir intimidade é dos trilhos mais complexos das relações.

E entre tantos cansaços e percalços, o melhor da quarentena tem sido estar junto de vocês. Mesmo que a gente perceba que conviver tão de perto seja difícil. Mesmo que a gente perceba que amar tão de perto seja difícil. Vocês têm sido minha microdose diária de afeto.

Obrigada gigante.

Cartas: presente, passado e futuro

por Juliana Pinheiro Mota

"Talvez te escreva", meu avô paterno José Aurélio Mota sempre me dizia ao nos despedirmos. Era seu jeito carinhoso e jocoso de se despedir das pessoas, na verdade. E eu adorava aquilo.

Durante o último ano, fiz valer a máxima dele, herdada na forma do diálogo epistolar que estabeleci com Carolina, usando o Instagram como suporte para fazer às vezes do papel. Desde 17 de junho de 2020, passei a escrever cartas-posts para ela com regularidade, uma por mês em média. Espontaneamente, inventamos esta troca de correspondências como uma maneira de trazer movimento e otimismo aos dias entediantes do isolamento *ad infinitum*, adensados pela distopia atual.

No mundo digitalizado em que vivemos, as cartas possuem novos veículos e fazem outros percursos, infinitamente mais velozes. E isso nem é de hoje. Há uns bons dez ou quinze anos, já nos correspondemos por meios diversos, que só o avanço tecnológico poderia proporcionar. Mas não menos afetuosos, tampouco menos criativos.

Minha amizade com Carolina surge justamente dessa possibilidade atualizada pela digitalização do dia a dia. Nós não éramos próximas, não. Era mais a profissão de jornalista em comum mesmo. De um ano para cá, encaixamos ideias e sentimentos em cartas publicadas dentro de telas iluminadas para justamente compartilhá-las com o mundo lá fora. As redes sociais foram o nosso ponto de encontro — ou, melhor, reencontro

As cartas, em geral, contam sobre a vida que a gente leva. Carregam histórias prosaicas do dia a dia, memórias, desejos, planos, realizações, tropeços... Para quem as lê fora do diálogo remetente-destinatário, o encantamento é justamente o fato de que elas jogam luz ao cotidiano alheio. As ideias trocadas entre outras pessoas funcionam como doses extras de inspiração para a própria vida — e, aqui, pouco importa se há ou não identificação com o que está narrado.

A vida toda escrevi cartas para tanta gente. Também recebi outro monte. Durante a minha infância, meus pais se mudaram do Rio, onde nasci, para Belo Horizonte e, depois, para São Paulo. Quando completei 16 anos, eles se divorciaram, e retornei ao Rio com minha mãe e meu irmão caçula. Fomos morar numa rua com nome de flor, Rua Resedá, na Fonte da Saudade. Era um bucólico endereço para se receber cartas!

Dito assim, a ideia é analógica. Cartas escritas à mão, postadas nas agências dos Correios — onde eu adorava ir, aliás. Envelopes com selos e carimbos, tais quais os cartões-postais, de que sinto imensa nostalgia. É raro encontrá-los hoje, não estão mais expostos naquela espécie de cabideiro nas bancas de jornais ou nos aeroportos. Eram outros tempos.

Em meio a esta minha recente investigação sobre as correspondências de outrora e de hoje, vasculhei e-mails antigos e gostei do que li, como se minha caixa de entrada do Gmail fosse mesmo a caixa de madeira na qual guardo os envelopes com as cartas recebidas por décadas. Reli longos e-mails–cartas apaixonados, de rompimentos, ou de tentativas... outros contando sobre a vida cotidiana, falando das viagens, como, por exemplo, quando fui ao Japão, em 2005.

Estou amando!!! Completamente lost in translation, ainda meio esquisita com o fuso, dando muita risada de tudo e lembrando de você. Hoje jantei tamago, Chen! E comprei koalinhas no mercadinho! É engraçado aqui porque os que não falam inglês saem falando japonês sem parar como se eu conseguisse entender alguma coisa. Aí, o teclado ficou maluco... te ligo amanhã... beijos, beijos, saudades...

Lembro que escrevi ao namorado da época, num dos computadores que ficavam em um canto do amplo hall do hotel, em Tóquio. Ao que ele me respondeu, num e-mail que chegou horas depois:

Você viu Shibuya, que animal! Hoje à noite te mando uma lista de restaurantes legais. Tenta descobrir o endereço de um tipo East, chamado Chopsticks, em Shinjuku. Pergunta no hotel. Vá a uma lojinha em Harajuku que se chama Densuke, é uma das minhas preferidas. Segue em anexo o mapa em japonês. É perto da Takeshita Street, artéria principal do bairro de Harajuku.

Bjs e Oyasumi (boa noite)

PS: Tente passar pelo menos um dia em Nara, a antiga capital, ao lado de Kyoto, com o parque dos veadinhos e o maior buda do mundo (mesmo templo da fábrica de sailor moons que eu filmei).

Trazendo essa troca digital para o agora, durante esse absurdo tempo pandêmico, enviei diversas "cartas", longas ou telegráficas, por e-mails, Instagram, WhatsApp, Google Sala de Aula, Zoom... a dinâmica das trocas diárias me fez sentir um pingo menos isolada, como se estivesse próxima das pessoas às quais quero bem. Até me apaixonei! Um amor que aconteceu assim, a partir das correspondências tecladas de maneira telegráfica, com a rapidez de quem quer demonstrar todo o interesse. São as cartas de amor de hoje!

Segundo Maurice Merleau-Ponty, a palavra é poderosa. "Tal como o olho possui o poder de percorrer grandes distâncias, aproximar e afastar, possui o poder da evocação. A palavra evoca imagens, resgata fatos esquecidos, projeta ideias para o futuro. Também pode se tornar um instrumento de visão", escreve Edith Derdyk, em *Formas de pensar o desenho* — livro que eu, como mãe de um menino de 5 anos com nítido talento, comprei para aprender sobre o desenvolvimento do grafismo infantil. O interessante é que Antonio desenha palavras, antes mesmo de aprender a escrevê-las. Minha impressão é que ele vê as letras como formas gráficas, coisas que de fato são.

Trocar correspondências com alguém — ou com mais de uma pessoa — traz, em sua natureza, um maravilhoso jogo de interpretações, percepções e assimilações que unem, em alguma medida, passado, presente e futuro. Poderíamos relacionar a memória com o passado, a observação com o presente, e a imaginação com o futuro.

Escrever uma carta é ter um rompante. Tantas vezes a escrita sai pelos nossos dedos, seja escrevendo à mão, seja clicando nos teclados e telas, sem muito elaborarmos. Deixamo-nos à deriva num fluxo de consciência, na maioria das vezes com as emoções gritando alto. Narramos um compêndio do universo que observamos ao nosso redor — e o deixamos ali exposto, em carne viva, ao olhar (e, sobretudo, à resposta) do outro, do destinatário. Ou no plural, dos outros, dos destinatários.

✱

> *As emoções são, por vezes, tão fortes que trabalho sem ter consciência de estar trabalhando... e as pinceladas acodem com uma sequência e coerência idênticas às das palavras numa fala ou numa carta.*
>
> Van Gogh, em *Arte e Ilusão*, de Ernst Gombrich

É inegável que a internet mudou nossa maneira de nos comunicar. A facilidade de poder interagir a qualquer hora por meio de um smartphone (que, constantemente em nossas mãos, mais parece a continuação do próprio corpo!) aumentou de forma brutal a frequência. Hoje, tudo é para já – e tudo é fragmentado.

Contudo, a comunicação digital em nada afetou meu forte desejo por receber as respostas às minhas cartas – e confesso que senti até certo apreço por eventuais delongas. O tempo da espera é precioso.

Vira e mexe, ela escrevia-me mensagens breves via WhatsApp, como "Bom dia! Tem carta na caixinha do correio" ou "Bom dia com carta publicada hoje", anunciando um novo post. Às vezes, as mensagens aumentavam minha ansiedade: "Escrevi tua carta sábado, posto essa semana" ou "Oie! Tua carta tá pronta, logo mais vou postar". Mas, como era bom receber esses avisos!

Em uma das sincronicidades que vez por outra a vida nos apresenta, o arquivo digitalizado do livro *Correspondência inédita de Mário de Sá-Carneiro a Fer-*

nando Pessoa, organizado por Arnaldo Saraiva no Centro de Estudos Pessoanos, na cidade do Porto, em Portugal (1980), veio parar nas minhas mãos justamente enquanto eu escrevia estas páginas do livro.

Por cerca de três anos e meio, entre 1912 e 1916, época do horror provocado pela Primeira Guerra Mundial, na Europa, Sá-Carneiro dirigiu a Pessoa algo em torno de 220 cartas, postais e telegramas — ou seja, uma média de cinco por mês. Boa parte foi enviada de Paris. Porém, durante esse período, Sá-Carneiro passou quase dois anos em Lisboa, onde chegou a encontrar-se diariamente com Pessoa.

Ao ler o livro, na tela do meu computador, qual não foi meu espanto ao me dar conta de que a nossa troca de correspondências, aliada ao recém-escrito texto para a introdução, faziam eco com o que era contado por Sá-Carneiro a Pessoa. Numa depuração de sentimentos embaralhados, com inexoráveis tristezas e incertezas à flor da pele, reconheci semelhanças em relação ao registro histórico de uma época e à observação do contexto ao redor, em estado de isolamento e luto. Um silêncio. Uma dor. Uma guerra. Uma pandemia.

Em 6 de agosto de 1914, Sá-Carneiro escreve:

Meu querido Amigo,
Estou muito triste. Desoladora e comovidamente triste. É uma tristeza de silêncio, macerada a tons

de platina — duma parte; e doutra: um arrepio de angústia, um não-querer apavorado. Se eu lhe disser que toda esta minha tristeza a motiva a guerra — talvez sorria você, e entretanto é ela que, na verdade, a provoca pelas complicações horríveis que pode trazer à minha vida. Nem o meu amigo as calcula — nem eu lhes posso explicar. E não é tudo: é uma saudade, uma saudade tão grande e piedosa do meu Paris de Europa, atónito, apavorado e deserto. Sim, sem literatura eu lamento as grandes lojas fechadas, os cafés apagados — todo o conforto perdido! Teatros, pequeninos quartos de hotéis, os salões dos grandes costureiros... Tanta pena, tanta pena... Eu sinto-me em verdade a amante pequenina dum rapaz loiro de vinte anos que partiu para a guerra e não voltou... Doutra forma não posso explicar por que a esta hora sinto uma tristeza de beijos que nunca dei... uma saudade de mãos que não enlaçaram, talvez, as minhas — e tudo isto apenas suscitado pela devastação que me rodeia... Por que sentirei tão estranhamente? Meu Amigo, como uma vez você avisava numa sua carta — perdoe-me a literatura, e não duvide da sinceridade da minha tristeza. Estou horrivelmente desgraçado de alma — num nervosismo constante, vibrante e aniquilador. Horas de inquietação zigzagueada as que vivo — mas de inquietação de mim próprio (...)

Escrevemos cartas para contar sobre a vida da gente, sobre o tempo da gente. Outro dia meu filho me perguntou, de supetão, aparentemente fora de contexto: "Mamãe, este é o meu tempo, né?". Sim, filho, este é.

A comunicação abreviada, às vezes telegráfica, dos postais de Sá-Carneiro a Pessoa, em 1912, me fez lembrar minhas trocas de mensagens instantâneas via aplicativos com amigos, donos de uma sensibilidade única para a arte e a cultura — e tudo mais o que nos ajuda a inspirar o cotidiano e enlevar o espírito.

Em 16 de outubro de 1912, o postal, ilustrado com o Arco do Triunfo e a Champs-Élysées, dizia:

Óptimo. Por hoje apenas um grande abraço do seu muito amigo
Sá-Carneiro.

E em outro postal, com o carimbo dos Correios de Lisboa, que data de 31 de dezembro de 1912:

Ano Novo
1913
Ideias e Venturas.
(Paris)
Sá-Carneiro

Se por um lado a correspondência entre os poetas trouxe a ideia da narrativa do "nosso tempo", por outro evidenciou atemporalidades, como as relações afetivas que sempre vencem o tempo e a distância. O afeto é transcendental.

O bem-querer de Sá-Carneiro a Pessoa frequentemente era traduzido em indóceis solicitações por novas cartas, em respostas às que ele enviara. Algumas acabavam com o verbo no imperativo e em caixa alta: "ESCREVA!!".

É impressionante como seu estilo de escrita, no início do século XX, dialoga com nossas infinitas mensagens via aplicativos dos dias atuais. Fica claro: só fazemos demandas assim a quem nos é de imensa afeição, ou quando estamos cheios de saudades. O ímpeto da troca e do afeto epistolares é algo tão forte que vai sendo ressignificado em outras plataformas tecnológicas, com o passar do tempo. "Receber carta sua às vezes tem o sentido que teria abrir as janelas de um quarto onde eu estivesse fechada há semanas", confessa Clarice Lispector à irmã Tânia, em uma das muitas cartas escritas durante o período em que a autora viveu no exterior, nas décadas de 1940 e 1950, publicadas em *Minhas queridas*.

Com 120 correspondências inéditas, selecionadas dos arquivos particulares de Elisa Lispector e Tania Kaufmann, o livro mostra a história de ternura entre três irmãs, contada em cartas que venceram o tempo e a distância. "Eu vivo à espera de inspiração com uma avidez que não dá descanso. Cheguei mesmo à conclusão de que escrever é a coisa que mais desejo no mundo, mesmo mais que amor", redige à mão Clarice, em carta enviada de Lisboa, em 7 de agosto de 1944, uma segunda-feira — amo este detalhe de que ela frequentemente destacava o dia da semana. E ela termina esta mesma carta a ambas as irmãs com o *post scriptum*: "Quando puderem me escrever, quero cartas longas e desenhos da Marcia".

Mudou o meio e o suporte, mas a forma — e, sobretudo, o afeto inerente à própria condição humana — seguem os mesmos. "Oie! Tô sentindo falta da tua carta...", recebi a mensagem instantânea de Carolina via WhatsApp, em 22 de julho de 2020. Cinco minutos depois, respondi: "Oi, querida! Estou atrasada, eu sei. Sendo engolida por aqui, mas já já receberás". Ao que ela teclou de volta: "Não tem problema. Cartas nem sempre chegam quando a gente quer.".

Meu avô José Aurélio Mota (JAM, como tem gravado no jogo de jantar que herdei, e amo) fazia os mesmos calorosos pedidos à minha avó Rita Parente Mota, na época em que eles foram obrigados a namorar via cartas devido a uma transferência do Banco do Brasil, onde ele trabalhou a vida toda. No ano de 1940, ele foi para Cajazeiras, na Paraíba; e ela ficou em Fortaleza, no Ceará.

Não mandarei mais registradas as minhas cartas, como você pede, a fim de que a entrega seja feita com mais brevidade. A propósito: quando você tiver que me telegrafar, faça-o por CTN (carta telegráfica noturna) que é mais barato e a entrega não demora muito. Ainda a propósito das cartas: tenho notado que você não responde muitas cousas que lhe pergunto, talvez por esquecimento na hora de escrever. Lembro-lhe, por isso, a melhor maneira de se responder cartas: fazê-lo com a carta a responder na frente. Assim vai-se lendo tudo e respondendo ao mesmo tempo. Não haverá possibilidade de esquecimentos. Talvez desse modo as suas cartas aumentem um pouquinho mais...

Escreveu ele em 5 de abril de 1940, em uma espécie de pequeno manual sobre como se responder a uma carta. É de uma emoção e uma sorte profundas ter aqui comigo os originais dessas cartas, todas com os papéis envelhecidos, judiados por pequenos rasgos nas marcas das dobras, para caberem nos envelopes com a logomarca do banco, com selos e carimbos.

Filho do escritor e folclorista cearense Leonardo Mota, autor de sete livros — entre eles *Adagiário Brasileiro* —, e que, em 1916, liderou o movimento que reorganizou a Academia Cearense de Letras — uma das mais antigas instituições congêneres do Brasil, fundada em 15 de agosto de 1894, três anos antes da

Academia Brasileira de Letras –, meu avô, que mais tarde radicou-se no Posto 6, no Rio, cresceu em meio à criação literária do pai e se tornou leitor voraz, além de talentoso escriba de cartas, bilhetes, cartões que tantos recebi!

Passado, presente e futuro – ou qualquer que seja uma pista que tenhamos sobre este último. A relação epistolar que Carolina e eu desenvolvemos tem um bocado disso, em uma busca incansável por fazer das nossas palavras uma morada. E, assim, inventamos uma forma peculiar de utopia.

Individualmente, vivo uma verdadeira coreografia da escrita, no tempo e espaço. O ato de escrever, teclando com as mãos, é um respiro, uma catarse, um hiato que me coloca sempre em movimento. Danço para escrever.

"Dance até o pulmão inflar" virou minha máxima, meu adágio. É também o título da carta que escrevi a mim mesma como parte do livro *Cartas de uma pandemia: Testemunhos de um ano de quarentena*, da Claraboia, com a qual termino esta reflexão sobre a comunicação nos dias atuais. Enviei-a por e-mail para a editora meses atrás. E a mim por WhatsApp, no meu "autogrupo" batizado de *Talking with myself*, em que, graças à tecnologia, me correspondo comigo mesma. Sempre.

Ju de março de 2020, minha querida,
Ufa, hein?

Antes de tudo, parabéns! Você soube dançar furiosamente, como pedem os tempos difíceis.

Dos conselhos que eu te dei lá naquele longínquo março de 2020, acho que o mais visceral foi: "dance até o pulmão inflar". É emocionante olhar para trás e perceber quanto a dança nos salvou (uso o plural porque me refiro a nós duas: você há um ano, tão assustada, antevendo o inevitável massacre que viveríamos no Brasil, e eu agora, ainda aqui em casa dançando loucamente para dar conta do horror).

Ontem Daniela Coltro postou no Insta dela que "dança é amor". Deve ser mesmo. Você se permitiu ser salva pelo amor, em suas múltiplas facetas. Mas, no fim das contas, o amor — e ponto. Um amor surreal que talvez tenha salvado você também da própria loucura, durante este último ano, cada vez que escutava a palavra "mamãe" e suas variações "mãe", "manhêê", entoadas ora com ternura, ora em cólera. Você foi uma mãe incrível neste último ano, quanta realização traz a maternidade. Quanta criatividade sai dessa relação, apesar do aprisionamento inexorável. Você aprendeu a ser mãe sozinha, não foi algo que ensinaram em casa, não. E vou além: ser maternal (e exausta!) extrapola a realidade nua e crua de ter que cuidar do próprio filho. "Não confio em ninguém que não seja maternal e cansada", ouvi de Mariana Vieira Elek outro dia. A pensata fez todo sentido para mim.

Os desenhos tão maravilhosos da criança são a prova cabal disso: eles formam um registro peculiar (e mui-

to emocionante) do que vivemos nestes últimos 365 dias. Que bom que você passou o ano todo olhando cuidadosamente para isso, inspirando seu filho talentoso a cada nova chance. Que bom também que você se abrigou nas palavras. Você sempre brincou que ganha a vida escrevendo letrinhas...veja aí que interessante metáfora: "em 2020, você fez a vida pulsar, na marra, pela escrita". Arrisco dizer que "escrita é amor" – ela também. Voltar a inspirar as pessoas pelo Instagram do Radar55 não foi por acaso. Alegre-se por isso também, uma grande ideia que você colocou em prática, acho que em abril de 2020, até como forma de curar tanta angústia, não foi isso? Bravo, minha querida!

Até lindas amizades você ganhou com isso! Sim, apesar de estarmos perdendo imensamente o tempo todo, com inúmeras mortes e decepções, algo nós ganhamos neste ano pandêmico. Amizades. Amores. Danças. Desenhos. Palavras. Poemas. Músicas.

Você amou verdadeiramente o próximo, segurou bravamente a onda, enclausurada sozinha com uma criança que nesse meio-tempo passou de 3 para 4 anos (e, logo mais em junho, completará 5). Você se mexeu para ajudar os outros, como foi possível. Lutou contra o genocida; contra o racismo. As perdas coletivas esgarçam nosso tecido psíquico, porém, é no trauma que se reconstrói uma ideia de renascimento, valorizando o que é precioso. Você escolheu renascer, um pouco que fosse, todos os dias. Vi-

veu o luto solitário de perder um tio querido para o vírus, o irmão da sua mãe e da sua tia, pai dos seus únicos dois primos. Que experiência absurda assistir à missa de sétimo dia via Zoom, que dor. Que falta de abraço. Há um forte componente de surrealismo nisso tudo. Ufa, hein?

Mas você conseguiu chegar até aqui, aos trancos e barrancos. Há um ano, você logo caiu na real, e foi duro. Mas colocou o amor em movimento, Ju de março de 2020, minha querida. Isso foi imenso. Foi a nossa "saída possível". Mais uma vez quero te parabenizar por buscar forças nas suas entranhas para inspirar um cotidiano paradoxalmente tão repleto de vida. Antonio aprendeu a dançar junto. Já entendeu que escutar Bach acalma a alma.

Guarde sempre no coração os pedidos dele para ouvir as músicas da "moon" ("Fly Me to the Moon"), do "zou bisou bisou" ou da "água de beber".

Quer um novo conselho? Jamais perca o hábito de empurrar o sofá e fazer da sala uma pista de dança. Um dia isso tudo passará. Disso nós sabemos: absolutamente tudo nessa vida passa. Mas não deixe essa dança amorosa passar. Isso não é coisa que se deixe passar. Isso é para ganhar, é para o resto da vida. Vamos seguir dançando o que estamos sentindo (sobretudo, às sextas!), pois isso engloba tudo. Assim, vamos resolvendo nossos problemas, curando nossas dores.

Um beijo, da sua fã número 1,
Juliana

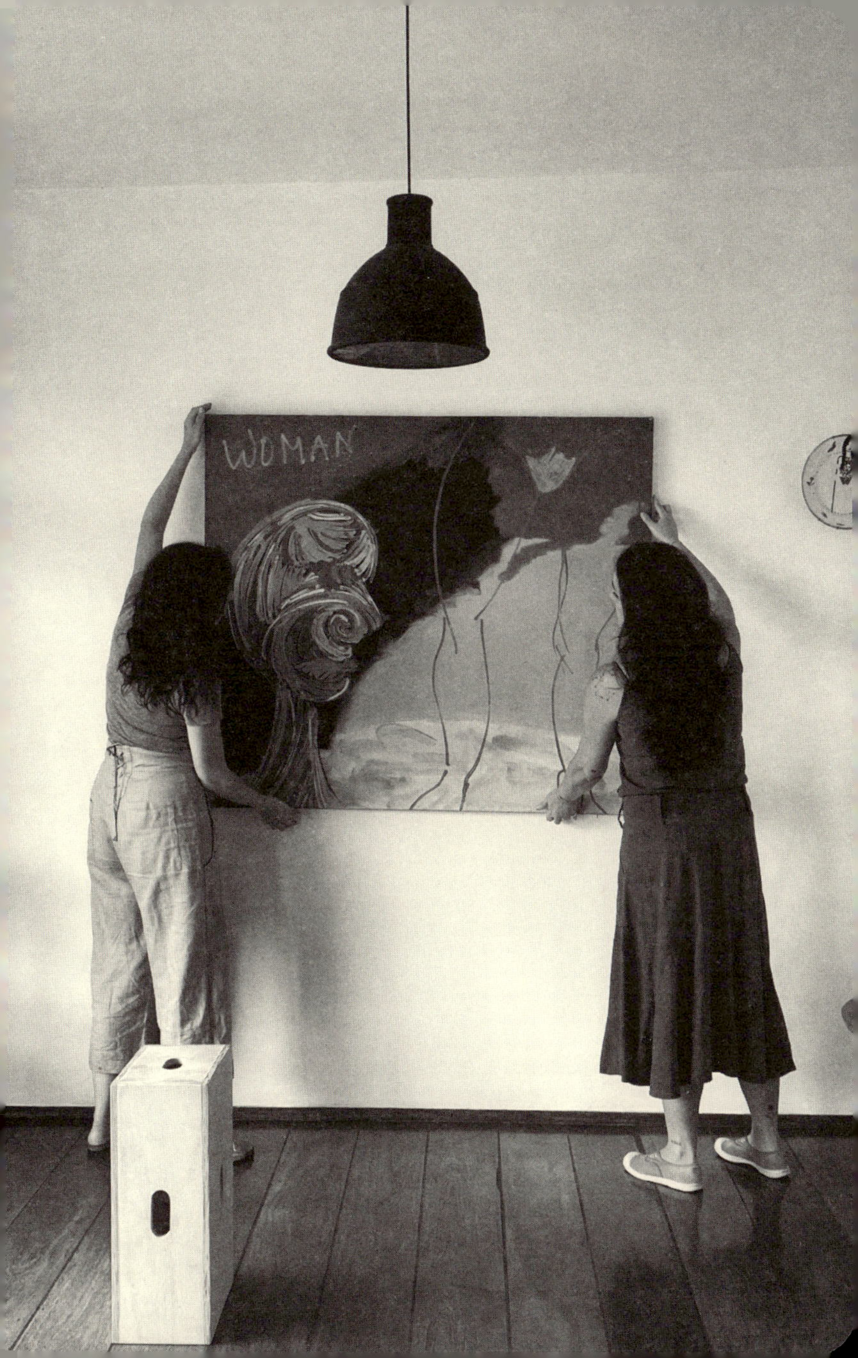
WOMAN

Cartas na quarentena

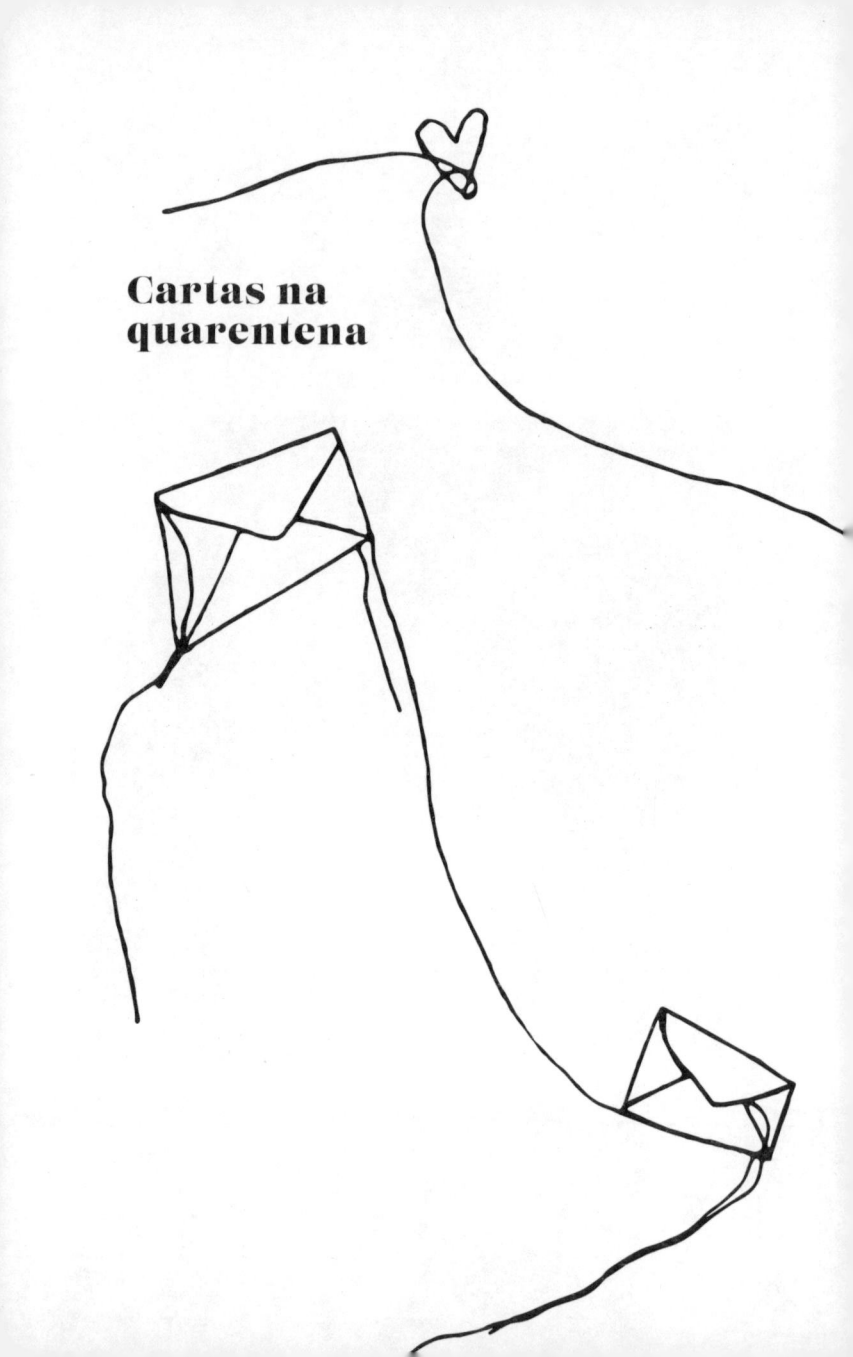

Índice afetuoso
Pequeno manual sobre como usar este livro

Para além da ordem cronológica, você pode ler nossas correspondências pelos temas sobre os quais mais trocamos. Eles estão sinalizados no início das cartas. Experimente!

Arte
Cinema + seriados
Dança
Literatura
Gastronomia + drinques

Música
Poesia
Psicanálise
Mar

Inicialmente as cartas foram trocadas via Instagram, o que permitiu às autoras comentarem a escrita uma da outra, antes mesmo de responderem as cartas propriamente ditas. Esse movimento deixa exposto um sinal da contemporaneidade dentro das correspondências, uma vez que a espera pela resposta ou a certeza do recebimento da carta podem ser abreviados por pequenos comentários e visualizações. Mantivemos os comentários no livro como forma de marcar esse novo tempo.

De Juliana para Carolina
São Paulo, 17 de junho de 2020

dança | literatura | gastronomia + drinques

Carol, como vai?

Aqui, vamos levando. Nesse tempo que passa, mas parece não andar. Minhas amigas estão destrinchando um mundo. Elas são maravilhosas, um dia preciso te apresentar! Aurea me emocionou num dia desses, escrevendo cedinho para contar o sonho no qual nós duas atravessamos um corredor de tecidos amarelos, numa espécie de festa-performance de uma artista dinamarquesa, na América Latina ou na África do Sul. Ela também me ensinou a lavar os panos de chão sem jogá-los na máquina de lavar roupas, e me deixou com vontade de conhecer Cuba, principalmente às sextas, "porque é quando dançamos".

Jackie comentou que quer voltar para a terapia. Sempre bom. Ela me ligou na segunda, contou dos xodós e me convidou para o Chá das Cinco com *Virginia Woolf Dalloway Day*, hoje, às 17h. Vem também, você vai gostar! Ana me ensinou a cozinhar arroz, e me convidou para o melhor bailinho via Zoom dos últimos tempos. Dancei muito! Sozinha, mas acompanhada, entende? O corpo da gente entende, garanto. Isso foi na sexta-feira, quando ela me deu a receita do Negroni, drinque que virou seu preferido. Ela explicou que toma com gelo, em copo de cristal (ou *fake*, mas que pareça herança de família, haha). Aqui, elegi Lillet com tônica, rodela de laranja, alecrim e bastante gelo — meu amor de quarentena.

    Mariana anda trabalhando demais, achou um delivery de comida gostosa para variar o tempero. Também disse que acha bacana uma escola de arte on-line para crianças. Mais do que nunca, me dei conta que sinto enorme prazer em realizar atividades artísticas com Antonio. Ele ama desenhar, amém! Vania sugeriu que eu mexa o corpo ao acordar, não fazendo exercícios. Basta movimentar-me para animar o espírito. Disse que depois conta detalhadamente sobre esses estudos que ela tem feito. Só obedeço. Estou descobrindo que dançar também ajuda à beça. A sala virou meio pista de dança, meio playground.

    Ah, fiz uma descoberta boa: quebrar louças, manchar sofás e lençóis... está tudo bem — não sabia disso antes. Sobre a Cândida, fiel escudeira, agora sei que ela machuca meus dedos. Uso aquelas luvas amarelas de látex, sugestão da Ana. Juliana, minha xará, lava a alma da gente com sua sensibilidade estética em forma de bordados. Já viu?

    É, minhas amigas andam acumulando conquistas.

    Um beijo, manda notícias!

Comentário da Carol: *Que saudades de uma pista! Eu, que bebo pouquíssimo, até estaria com um drinque na mão...*

De Carolina para Juliana

Praia do Engenho, 27 de junho de 2020

literatura | gastronomia + drinques | psicanálise

Querida Ju,

Que surpresa boa receber tua carta. Pena não ter alcançado a tempo de pegar o Chá das Cinco com Virginia Woolf. E, veja que coincidência: recebi agora um e-mail da Ingrid, minha professora de texto na Formação de Escritores do Instituto Vera Cruz, recomendando a leitura de *Mrs. Dalloway*, o romance histórico da escritora. Um deleite rememorar a escrita desta mulher. Ela tinha uma capacidade ímpar para narrar o cotidiano. Ando estudando a escrita de diários. Minha descoberta durante a quarentena — essa eterna quarentena.

Três meses se passaram e já sinto o perpétuo isolamento. Justo eu, que não sou amiga do "que seja para sempre" (uma expressão clássica usada pela igreja católica e tão presente nos contos de princesa que me agoniam). Infeliz ideia da moral humana de querer agarrar o "para sempre" às custas da própria existência.

Mas olhe este trecho do diário de Virginia: "19 de março de 1919 — A vida se acumula tão depressa que não tenho tempo de escrever as reflexões que se amontoam com a mesma rapidez. Dez minutos para as onze da manhã e deveria estar escrevendo *Jacob's Room*; e não consigo, em vez disso vou escrever as razões por que não consigo."

Não é brilhante esta passagem? Peculiarmente cotidiana.

A vida anda se acumulando tão depressa que não tenho tempo de escrever as reflexões que se amontoam com a mesma rapidez. Eu podia roubar essa frase de Woolf. Podia reescrevê-la com meu próprio punho e justificar cada palavra para formar a mesma frase. As páginas do diário andam vazias há dias, porque os dias andam cheios. Veja que contradição. Sabe aquela coisa de só querer ir ao terapeuta no dia em que você acha que tem coisa para falar? Tá aí outra contradição.

O silêncio é um dos recursos de análise que mais gosto. Aliás, é preciso saber o que fazer com o silêncio para não se perder nele — ou dele. "Quero dizer com isso que eles não compreendem que estou à procura de algo interessante". É outro trecho que também me fez sentido.

Lembrei que estou à procura de retomar meu tricô. Vontade de fazer outras coisas com as mãos que não as diárias. Quem sabe ocupar este tempo que ainda está sobrando para retomar algo que conforta. Será que seremos capazes de usar este período para redescobrir prazeres? Prazeres que não exijam utilidade, não exijam um fim. Que sejam capazes de existir em si e por si. O prazer pelo prazer. Somos capazes deste encontro? Espero que a gente desperte o interesse pelo ressignificar do cotidiano que anda tão banal — ou banalizado.

Depois quero conhecer essa sua amiga que borda. Amanhã, minha comadre faz aniversário e vai rolar a tal da balada "sozinha, mas acompanhada". Nunca bebi Lillet. Depois você me manda a receita? Não bebo, mas ando bebendo. A vida anda cheia de contradições. "Bom, tenho que encarar essa questão", escreve Virginia. Talvez eu também precise.

Fiquem bem e beijos em você e no pequeno Antonio.

Comentário da Ju: *Sempre tão bom te ler, quero saber se dançou, hein!?*

De Juliana para Carolina
São Paulo, 4 de julho de 2020

literatura | dança | psicanálise

Carol, querida, ufa! Desculpe a demora para responder.

A citação de Virginia Woolf que você mandou na última carta não poderia ser mais apropriada, pois a vida anda se acumulando tão depressa que tampouco consigo tempo para colocar em palavras tudo que se amontoa na minha cabeça (e no meu coração) com a mesma rapidez. Na verdade, já faz uma semana que tento terminar esta carta para você (comecei no domingo). Toda vez que me sento para finalizá-la, dou conta de que os sentimentos narrados já perderam a validade, de alguma forma. Daí, recomeço. Em uma semana parece que a vida correu anos — e falo isso na real, sem força de expressão. Cotidiano que voa, mesmo nesse tempo parado. Olha a contradição, como aquela coisa que você escreveu de só querermos falar com o terapeuta no dia em que parece que temos novidades (ou seriam evoluções?).

Mas, voltando: o coração tenta desesperadamente acompanhar esse absurdo todo. O corpo segue dançando, ou patinando, já nem sei o verbo. Ele sente tudo.

Está uma barra, mas, contraditoriamente, há momentos de absoluta singeleza — palavra que uso mais no sentido de beleza do que de simplicidade. De simples, não há nada. A vida nunca se apresentou tão complexa mesmo nas coisas simples, você também sente assim? Dias atrás, assisti ao monólogo *Quarto 19*, com a atriz Amanda Lyra, inspirado no conto homônimo de Doris Lessing, e pirei. Fez parte da programação do Sesc ao Vivo, sobre a qual falamos no Radar55* — me pauto sempre por lá, claro. Minha identificação foi tanta que eu chorava de levantar os ombros, sabe como? O conto foi publicado em 1958, mas, sei lá, eu poderia ter escrito. O desejo louco de ficar sozinha (taí outra contradição em meio a esse isolamento surreal); o quanto que, às vezes, ouvir "mamãe" me dói na alma; a fragmentação da identidade feminina causada pelos efeitos fatais do casamento burguês; a extenuante procura pelo significado da vida; a tensão entre o público e o privado... estava tudo ali no texto.

Quando a apresentação on-line da peça terminou, Aurea me ligou e conversamos por duas horas.

---

* Radar55 é um perfil do Instagram com curadoria de Juliana Pinheiro Mota: @radar55brasil: drops diários de inspiração, desde 2008. Como uma antena que mapeia o desejo coletivo, em sua nova visão, Radar55 eleva o espírito com reflexões como as hashtags #olharemosmaisparaocéu e #danceatéopulmãoinflar.

Minhas trocas com ela — que, além de brilhante, é muito amorosa— andam sendo um belo exemplo das "singelezas" que mencionei.

No mais, a pia continua com trezentos copos, e, vira e mexe, um quebra. É assim que está tudo bem por aqui.

Um beijo, Ju

Comentário da Carol: *Ah, que lindo! Carta em noite de lua cheia no mar.* <3

De Carolina para Juliana
Praia do Engenho, 14 de julho de 2020

literatura | dança | mar

Juliana amiga,
Que singeleza sua carta.

Agora, me diz, como podem os perfumes perderem a validade se o tempo está parado? Felipe, que está com 12 anos, entrou outro dia no meu banheiro e disse que minha lavanda Johnson's estava vencida. Como? Mês de quarentena e lembrei de você falando sobre o tempo estancado no calendário — e a gente estancada nele. Já tem gente dizendo que vai ser um ano perdido. Eu não sei, mas ando perdida.

Já são quase 42 mil novos casos de contaminação por dia no país. Um estudo da Fiocruz diz que o trânsito de São Paulo mata 40 mil pessoas por ano. Isso é de 2019 e, sei lá por que, essa comparação me veio à cabeça, talvez porque eu fique tentando mensurar a vida — ou este tempo que parece vencido. Que maluquice estamos vivendo.

Mas deixei pra lá a validade da colônia, mais importa a validade do que a gente anda carregando aqui dentro do peito. É preciso gentileza para entender essa saudade toda. Fico pensando, se a cabeça não dá conta, o que dirá o coração?

Você já leu a coletânea *Cartas extraordinárias*? Tem um volume dedicado ao *amor*. São trinta correspondências que imergem no sentimento e me fazem refletir quanto a troca entre duas pessoas que se amam é, não só um gesto de afeto, mas também a necessidade de encontrar abrigo nas palavras do outro, encontrar abraço. A palavra tem essa capacidade de se alargar e dar a volta no outro.

E não é que outro dia eu encontrei uma palavra nova? Estava em busca de oração e lá estava ela, em c.oração. Como não achar? Como não haver melhor lugar de oração que não o próprio coração. E ainda que não seja notório, é incontestável, não é? Carrego oração no peito – é o jeito que encontrei de me proporcionar algum amparo.

Aproveito para te sugerir a leitura de uma singela poesia da portuguesa Filipa Leal intitulada *O princípio da oração*, "Senhor, enche o meu quarto de alto mar". Tá aí um dos meus privilégios em tempos avessos. Sorte a minha é ter o mar para fazer de altar. Por aqui, ele anda intenso e imenso.

Acabei de ler um pequeno livro da escritora Ana Maria Machado que se chama *Os clássicos universais*, da coleção Para Gostar de Ler. Na abertura de um dos capítulos, a autora escreve o seguinte: "quem se fazia ao mar tinha muito o que contar", e, para mim que estou à beira dele, parece ter feito ainda mais sentido essa leitura, que foi uma recomendação da minha professora de literatura infantil

Um capítulo que me fez refletir sobre as histórias de pescadores. Do mar de histórias que eles trazem cada vez que atracam seus barcos em terra firme. Não é só peixe que eles retiram das redes. Tem muito causo que sai dali e percebi que ando carregada de alguns. Das histórias que eu mesma fui pescando. E das que deixei naufragar. Fui criando uma coletânea. Mar é metáfora para tanta coisa, né? Carioca que é, deve saber mais que eu, que ainda sou turista em busca da intimidade.

Daqui, fico com a singeleza da tua carta, como você bem expressou na palavra. Tenho pulsado mais suave com as nossas correspondências. As trocas têm permitido confrontar a dor. Às vezes penso que daria até pra dançar. Feito aquela artista plástica sueca, Camilla Engström, que te mandei o vídeo. Tá aí algo que precisa de leveza para acontecer. Não consigo pensar no corpo em movimento e carregando peso (emocional, eu digo).

A gente tem tanta coisa para almejar, não é? Ainda que não seja tempo, mas que tempo? Minha colônia está vencida e eu continuo a usá-la. É assim que está tudo bem, não é?

Um beijo, minha amiga.

De Juliana para Carolina
São Paulo, 4 de agosto de 2020

dança | música | poesia | mar

Querida Carol, como anda a vida longe do mar? Mar faz falta, sei bem. Nem precisamos mergulhar, basta saber que está ali. As ondas levam tudo para longe e, em seguida, trazem de volta. Não é assim, afinal de contas, a vida da gente?

Eis uma boa metáfora para esse tempo parado, que ora causa agonia, ora, quase que por milagre, é singelo. Batizei esses momentos de "singelezas extraordinárias". Ando empilhando alguns. Fui ao Rio dias atrás porque precisava resolver pendências de uma vida que já teve a paisagem carioca como cenário. Criei coragem — foram seis horas de máscara dentro do carro — e fui com Ana e as duas filhas dela. Deu um medo danado, afinal, no Rio a coisa está feia, com contágio totalmente descontrolado. Durante a viagem, ouvimos muitas músicas boas (quando tocou "Enjoy the Silence", do Depeche Mode, a empolgação foi tamanha que dançamos sentadas mesmo, haha).

Lá no Rio, vi o mar. Não mergulhei. Como disse, às vezes nem precisa. O mergulho, agora, está em outro lugar. Mas, assisti ao pôr do sol outonal do Arpoador — apesar de carioca da gema, sempre me surpreendo com a paisagem como se a visse pela primeira vez na vida. Sinto tanta falta dela aqui em São Paulo, sobretudo agora que não posso mais visitar o Rio com frequência... Ah, o Rio faz falta.

Li há pouco a coluna do Fernando Luna, na *Gama*, em que ele cita o verso de Elizabeth Bishop "A arte de perder não é nenhum mistério". Estamos perdendo absurdamente, não há otimismo aqui, você sabe. Ele fala da Flip abortada, deixando Paraty vazia. E, nós todos, esvaziados. Perdidos, sim. Estamos à beira de 100 mil mortes pelo vírus, nunca tive a menor dúvida de que seria esse massacre. Desde 12 de março, choro uma lagoa de lágrimas, como diz Alice no País das Maravilhas.

Contudo, a arte de ganhar tampouco é misteriosa. Nossas correspondências, por exemplo. Ganhamos! Ter aprendido com Juliana Moraes a dançar cotidianamente para afastar a peste foi outro presente que desembrulhei na marra. E levei para o Radar55.

Só dimensionando o que perdemos é possível saber o que ganhamos. Agora, até Antonio vem junto "mamãe, vamos dançar!". Daí, danço, mesmo quando a vontade é de me deitar no chão em posição fetal e transbordar a lagoa de lágrimas.

É por isso que sábado tem festa virtual do meu aniversário com a pista capitaneada por Diego de Godoy, um amigo recente com um baita bom gosto musical. A nossa "8.8 Upside Down Zoom Party" é a prova de que as redes sociais são pretextos para aproximações reais, porque não aguentamos mais de saudades.

Dancemos como forma de gritar que estamos ganhando, um tiquinho pelo menos, do jeito que dá, também.

E, olha, na terça, 11/8, tem a imersão Amor em Movimento, via Zoom, com Daniella Zylbersztajn. Ela, desde o início da quarentena, me ensina sobre ioga, meditação e tanto mais. Isso ganhei! É no trauma que reconstruímos a ideia de renascimento. Vem junto conosco!
Um beijo,

Ju

Comentário da Carol: *Vontade de mergulhar nessa carta para sempre.*
Comentário da Ju: *Tão querida você. <3 já ansiosa pela resposta!*

De Carolina para Juliana
São Paulo, 15 de agosto de 2020

mar

Ju, minha amiga

Como vão as coisas por aí? Espero que bem, dentro do possível.

Sua última carta, por alguma razão de abrigo, me levou de volta à infância. Quando eu era pequena, tinha o costume corriqueiro de escrever. Meus avós nunca moraram em São Paulo e eu tinha urgência em dividir a vida com eles. Escrevia, escrevia e adorava receber notícias de que a carta tinha chegado. Acabou que desenvolvi uma relação afetiva com os carteiros, ainda que muitos eu nem saiba o nome. Mas o fato de saber que existe uma pessoa, a carregar nos ombros uma sacola abarrotada de histórias de outrem, me fascina. Sempre fascinou.

Recordei esse lugar porque você me escreveu tão cheia de entusiasmo e novidades e eu não dei conta de responder a tempo de agarrar o mesmo fluxo de ar. Acho que foi a volta a São Paulo, ao concreto — literalmente. Perdi um pouco das palavras por aqui. Elas andam me escapando como escapam os dias. Quando vejo, já é noite e eu fui consumida pelos quadradinhos da tela.

Justo nesta semana, de sol absoluto, angariei o tormento de estar junto ao bafo escaldante do asfalto. Privei-me do mar. Não por opção, mas por acordo. Felipe precisava respirar longe da maresia, precisava existir junto dos amigos. A saudade não deu mais conta e tivemos, nós, que dar um jeito. O menino está sofrendo. Angustiado, cheio de raiva e briguento.

Voltamos por uns dias numa tentativa de realinhar a ordem dos planetas e ele pôde convidar um amigo para vir em casa. Cinco meses depois, o direito de ver um amigo. Olha que loucura o que estamos vivendo.

E do alto dos seus 12 anos, eles brincaram por horas no quintal de casa, com direito a guerra de bexigas d'água e esguicho. Um pré-adolescente que ainda carrega infância como um lastro do existir. Daqueles que nos ajudam a escrever biografia, sabe? Eu tenho muito da minha escrita na infância. É por lá que busco oxigênio.

Manuel António Pina, o poeta português, diz que não se pode dizer o que se pensa se não se tem palavras para expressar. Eu digo que não se pode adolescer se não se tem infância para sustentar. Crescer é duro e às vezes a gente precisa de uma válvula de escape. Brincar é uma delas. E o tormento do bafo escaldante do asfalto virou presente com a cena do quintal abastecido por Felipe e o amigo Fernando, brincando. Porque, ainda que os tempos insistam em ser controversos, às vezes a gente precisa dar jeito de ser verso.

Mas afastada esta fotografia da infância, volto ao fluxo de ar do início da minha carta a você e, tenho que confidenciar, ando com falta dele. Não o que a gente estoca no pulmão, mas o que a gente acha numa penca de palavras por aí. Lutar, despencar, colapsar, secar, inspirar, expirar, mar (sim, mar, para mim, é digno de conjugação), e até amar. Eu sei, são todos verbos, mas ando caçando ar pelas palavras.

Outro dia escutei da minha professora de "ferramentas para tratar a realidade como literatura", na Formação de Escritores do Instituto Vera Cruz, que quem escreve está sempre em confinamento. E cá estamos. Confinadas não pela escrita, mas em decorrência de tantas vidas perdidas.

Dizem que nunca atravessamos um fato histórico desta grandeza desde a Segunda Guerra Mundial. Dizem que esta não será a única pandemia pela qual vamos passar. Dizem também que estamos aprendendo — ou reaprendendo — a sorrir com os olhos e a abraçar sem os braços. Veja que maluco. Abraço contém braço, será que precisaremos mudar as palavras igualmente? É o que dizem. Dizem tantas coisas, não é?

Viver um fato histórico não é fácil, minha amiga. Viver as rupturas deste tempo, menos ainda, e ando sentindo no ar tudo isto. Fui reler Cecília Meireles que numa poesia escreveu que "o tempo seca o amor, seca as palavras. Tempo seca a saudade também. Seca as lembranças e as lágrimas. Mas deixa algum retrato.". Qual retrato vai ficar em nós como moldura desta marca no calendário?

Até quando vamos contabilizar Marias e Josés morrendo? Não sabemos. A média mortes já está em quase 1500 por dia e continuamos sem Ministro da Saúde. Já são quase noventa dias sem alguém responsável dentro do Governo pela pasta da Saúde num momento de crise sanitária mundial. Que país é este?! Os últimos dois pediram demissão, tamanha é a falta de responsabilidade do nosso atual desgoverno. Está lá, na cadeira, o amigo Pazuello. Até quando, não sabemos – e isso sim me dá falta de ar. Me causa esgotamento de oxigênio.

E se tem uma coisa que é difícil neste país é traçar previsões estáveis. Ainda que eu leia a astrologia da Isabella Heine diariamente, e me apoie no universo para transcender e entender que tudo isso é maior, não tem dado muito resultado. Só os astros não estão dando conta.

Me agarrei no pensamento do sociólogo francês Bourdieu, que diz que "o ser humano só é capaz de aprender com outro ser humano". Vamos ter que aprender, Ju. Esta talvez seja nossa tarefa de pandemia. Enquanto isso, eu e você estamos aqui dando conta de compartilhar os confinamentos que andam estocados. Ainda que as palavras estejam cheias de ar. Ando com falta de mar.

Um beijo para você.

Comentário da Juliana: *Abri a caixa do correio e amei que a sua chegou!* ✤

De Juliana para Carolina

São Paulo, 20 de agosto de 2020

dançar | psicanálise | cinema + seriados | mar

Carol, como vai tudo por aí?

Aqui, sigo dançando. Não conforme a música, mas danço o que estou sentindo. A música que me acompanha. As pessoas, percebo, não entendem profundamente quando digo que ando dançando. Não é dançar por dançar. Tampouco é dançar de alegre.

Movimentar meu corpo sob a batida dos meus sentimentos (que andam um mar revolto) tem sido uma descoberta para esvaziar os pensamentos sem fim. Tem coisas que só saem escrevendo, não é assim? Há outras que só são paridas dançando. O movimento é a palavra, para o corpo. E, você sabe, quando a palavra sai, a mente acalma. Mesma lógica: quando o movimento acontece, o corpo acha graça, pulsa. Não é à toa o mote do Radar55: #danceatéopulmãoinflar. Até o pulmão inflar. E a mente sossegar. E o corpo amar. Sigo também com a falta de ar — e de mar.

Vira e mexe, meu peito aperta. Angústia é o nome disso, haha. Já sabia por intuição, mas constatei na última sessão da terapia. Ouvi hoje, sincronicamente, o podcast "A loucura nossa de cada dia", do psicanalista Guilherme Facci, em que ele diz que devemos receber a angústia com um cafezinho, pois é "o único afeto que não mente; nossa bússola para o desejo". Estamos todos precisando de fôlego para prosear com nossas inquietudes. Para mim, essa dose extra de ar tem vindo muito da dança, dos movimentos (aliás, você não pode perder a próxima meditação "dançada" do Amor em Movimento). Ontem, assisti a um filme tão bonito, *O Cântico dos Nomes*, na HBO. Não vou falar tanto sobre ele, só recomendar – muito. Em uma cena, dois rapazes criam um diálogo musical com seus violinos em um abrigo repleto de gente, em uma noite de imensa angústia, pois Londres estava sendo bombardeada, durante a Segunda Guerra Mundial. Lembrei das nossas cartas, do nosso diálogo epistolar. Há semelhança com o nosso agora, com inúmeras mortes sem nomes. Mas também com os afetos, com o amor possível em tempos de dor.

Falta de amar não há. Já te contei que as iniciais do nome completo do Antonio formam o verbo A.M.A.R.? Um beijo, minha querida, cuide-se bem.

Comentário da Carol: *Falta de amar não há, nunca.* <3

De Carolina para Juliana

São Paulo, 30 de agosto de 2020

literatura | psicanálise | cinema + seriados

Tudo bem por aí? E o Antonio, como está?

Terminei de ler sua carta com vontade de ver o filme que indicou. Mas a TV aqui foi tomada por uma dupla que está assistindo a série do Michael Jordan, *Arremesso final*. Lucas, que está com 14 anos, joga basquete pela federação e foi o jeito que Daniel, meu marido, arrumou de tirá-lo do quarto.

Somos cinco por aqui. Daniel, eu, Pedro, Lucas e Felipe, nesta ordem cronológica e, por princípios, mantemos apenas uma televisão e ela fica na sala, o espaço comum da casa. Por enquanto, nada de intensificar o isolamento social – seja da adolescência, seja da quarentena – propagando a solidão do universo particular de cada um. Já estamos bem de estar sozinhos. Gostamos de aglomeração aqui em casa. Ainda mais no sofá. Ninguém solta a mão de ninguém, não é assim que aprendemos?

Aliás, me lembrei do filme *Muito além do jardim*, em que o personagem Chance passa a vida recluso, assistindo TV. Absorto por tudo que escutou por anos, transfere para a vida as máximas que incorporou dos programas e de seus personagens. Tudo como se fossem verdades incontestáveis. Gosto desses paralelos da vida e da arte. Parece sempre que ajudam a compreender.

Me provocou a refletir sobre os gatilhos das telas e das imagens que se projetam delas. E nas verdades incontestáveis que cada um carrega como arma debaixo do braço e sai repetindo – ou metralhando – sociedade afora. A gente vive uma guerra verbal – ou verborrágica – assustadora. Não vou entrar na questão de que a internet isso ou aquilo. Prefiro olhar a responsabilidade do ser humano, da parte que nos cabe.

Tem um artigo muito bom do psicanalista Christian Dunker intitulado "Deixar de seguir", em que ele aborda a cultura do cancelamento como pauta e fala sobre como as postagens no Instagram exercem função sobre esse fenômeno social. "É um sintoma de nossa tendência a reduzir a diversidade a uma oposição entre particulares porque, no nível dos particulares, todos têm razão, e a razão não serve para mudar nada, nem em mim nem no mundo".

Incrível como seres humanos continuam a buscar por semelhantes, pelos bandos. Deveríamos mudar os paradigmas. Seria mais enaltecedor socialmente, culturalmente e moralmente. Eu não sei você, mas ando exausta – não só das conversas, mas da existência humana. Exausta não, esgotada.

Sinto um esgotamento tomando todo meu corpo. Não, não é a mesma coisa que exaustão. Olha, a pessoa que está esgotada não é a mesma que está exausta. Exaustão é um estado de esgotamento. Sabe quando esgota ingresso de show? Quando esgota edição de livro? Esgota fornada de pão em padaria? Então, ser humano também esgota. Chega no limite de todas as capacidades físicas e mentais. Eu cheguei — e ainda estamos em agosto.

Mas férias pra quê, né, minha filha?! Tem filho cansado em casa? Imagina, ainda tem muito tempo de aula on-line. Dá tempo também de finalizar aquela proposta. Dá tempo até de começar um novo projeto. Vamos marcar um Zoom?

(Ju, eu não aguento mais nada pelo Zoom. Outro dia pedi para o "call" ser à moda antiga, telefone mesmo, e a pessoa estranhou.)

A vida se transformou no ato repetitivo de fazer login e logoff. A gente acorda e faz login. A gente dorme e faz logoff. Fez logoff do e-mail? Das plataformas? Do portal? Do site? Fez logoff? É preciso fazer logoff para dormir em paz. É preciso fazer logoff para conseguir findar o dia.

Acredita que eu acordei às quatro horas da manhã pensando no logoff? Das coisas todas que eu realmente tinha me desconectado e saído. Fechado as portas. É preciso sair dos ambientes, todos para poder fazer logoff. Encerrar as telas. Encerrar o dia.

Eu sinto falta do ar da rua para me desligar. Gosto de ter o trajeto como possibilidade sublime de fazer os arremates. É quando se tem tempo de evaporar todos os logins que foram feitos ao longo do dia. No livro *O sol e o peixe*, Virginia Woolf tem um ensaio belíssimo em que usa a desculpa de comprar um lápis para andar pelas ruas de Londres.

"É possível que nunca ninguém tenha querido um lápis tão apaixonadamente", é a primeira linha do ensaio. Caminhar pelas ruas de Londres permite largar as conveniências de quem ela é — ou nós somos. Com uma sabedoria incrível — pelo menos para mim — ela discorre sobre todas as incertezas que a gente carrega sobre nós mesmo. E agora elas martelam a cabeça por horas a fio. Atravessam até os sonhos.

Tá aí outro desafio: sonhos. Cientistas e psiquiatras quebram a cabeça para mapear os traços do amanhã. Inclusive, há registros e anotações de sonhos entre a Primeira e a Segunda Guerra Mundial em que revelações de futuro se apresentavam durante a noite. No livro *O oráculo da noite*, o neurocientista Sidarta Ribeiro fala que estamos à flor da pele e a frase parece ainda mais atual em tempos de pandemia. "Claramente, a crise emerge nos sonhos, não necessariamente como pesadelos, até porque os sonhos têm como uma de suas funções atenuar conteúdos negativos", diz.

E enquanto uns estudam os sonhos e o comportamento humano, a nós resta entender a vida entre um login e um logoff. Talvez seja melhor garantir o caderninho ao lado da cama, começar a anotar os acontecimentos noturnos e fisgar pistas. Ainda que eles sejam interrompidos pelas portas não fechadas.

Hoje eu fui longe na conversa. Vontade de pegar um café com leite e me sentar no sofá para papear. Mas por hora, ficamos por aqui.

Beijos, beijos!

> Comentário da Juliana: <3 <3

De Juliana para Carolina
São Paulo, 27 de novembro de 2020

dança | literatura | mar

Carol, desculpe o silêncio, mas, ufa!, esse tempo de 2020 corre parado.

Como você está, querida? E os meninos? Aqui, seguimos "firmeza".

Escrevo no bloco de notas do celular, deitada na cama ao lado do Antonio, que está tirando uma soneca em plena hora do almoço. Aproveitei e me refastelei junto. Sei que você conhece profundamente a paz que isso traz: velar o sono dos nossos filhos, ouvindo cada respiração é, talvez, a melhor técnica de mindfulness. É amor surreal de imenso.

Ensaiei te escrever dias atrás, quando Biden e Kamala tiveram a tão alegre vitória nos Estados Unidos. Quis dividir com você a boa notícia de 2020, enfim. Dancei a noite toda que antecedeu o resultado, no sábado. Já sabia!

São as tais mu|danças. Afinal, "o verbo é esperançar", como já disse Paulo Freire.

Mas, daí, nesse Brasil que não dá trégua, tivemos notícias dolorosamente tristes. Tenho aprendido tanto com suas matérias sobre a não presença de negros nas escolas particulares em São Paulo. Venho refletindo demais sobre tudo isso, ando lutando para ser semente de reflexão na vida de pessoas que insistem em negar que temos racismo cruel e violento por aqui.

Nosso grupo de WhatsApp Escolas Antirracistas tem sido transformador para mim. Acho que o caminho de se informar, ler e ouvir especialistas, sempre mostrando a perspectiva dos próprios negros, é mandatório. Admiro muitíssimo meus amigos que estão nessa luta, longuíssima. "É fundamental que as pessoas brancas cobrem atitudes, sobretudo nos espaços onde não acessamos. Que elas cobrem, reivindiquem, entendam esse lugar social e a importância de se manifestar e de agir em relação a essas questões. Não basta só reconhecer o privilégio, precisa ter ação antirracista de fato.", ensina Djamila Ribeiro, numa entrevista à BBC News Brasil que achei na internet e que data de três meses atrás. Aliás, acho que todo mundo deveria ter em casa o seu livro *Pequeno Manual Antirracista*! Mas, é isso: seguimos "firmeza". E, no meio disso tudo, fugi para ver o mar – e amar.

Passei um fim de semana em uma pousada em Picinguaba. Uma vila de pescadores, pertinho de Paraty, onde o tempo passa no compasso do balé do rio que encontra o mar na Praia da Fazenda. Conhece lá?

Acalma o coração, assim como me deitar ao lado do filho que dorme – e, quiçá, sonha. Assim como escrever a uma amiga.

Um beijo, firmeza!

Comentário da Carol: *Oxi, que amor receber essa carta em plena sexta-feira quando as energias estão minguadas.* <3

Comentário da Ju: *Oxi, firmeza!* <3 E, ah, não contei que agora uso óculos de leitura, amando, na real. Sempre quis usar. ;)

De Carolina para Juliana

São Paulo, 4 de dezembro de 2020

arte / literatura

Como vai, Ju?

Sempre fico feliz em receber tuas cartas, atrasadas ou não. Se é que podemos chamar essa espera de atraso. De novo, me vem a sensação de atropelo do tempo, da vida. Estamos em dezembro, o ano acabando e aí? Será que foi mesmo um ano perdido? Desistimos de muitas coisas?

Pais insistem em dizer que o ano escolar foi perdido. Eu, que estava lá, presente, dando aula para duas salas de 4º ano posso dizer, com toda segurança, que nas escolas privadas não foi um ano perdido – mas não vou nem entrar na questão das escolas públicas para não começar a chorar enquanto escrevo. É um descaso com a educação deste país que eu fico perplexa com o tamanho do abismo que estamos cavando.

Mas, voltando, crianças e adolescentes podem ter deixado de aprender ou se aprofundar num ou outro conteúdo que estava programado para o ano letivo. Contudo, tiveram a oportunidade de aprender sobre cultura digital. O que está longe de ser saber mexer em programas ou usar as ferramentas. Significa saber circular por este ambiente, assim como a gente anda pelos corredores da escola.

A gente não aprende na escola onde pode entrar ou não, como participar de uma roda de conversa, como dialogar com o outro... no ambiente digital é a mesma coisa. Existe uma cultura de convivência para que aquele lugar funcione de maneira bacana para todo mundo. Isso é um baita de um aprendizado! Até porque é importante a gente levar em conta que, ainda que a vida volte nos trilhos, o ensino híbrido passa a ser uma realidade. É daqui para frente, sempre. Não tem perda, tem ganho.

Perderam foram os alunos e famílias de escolas públicas. A gente aqui precisa entender que o mundo não é mais o mesmo e que, talvez, o que fosse importante saber dois anos atrás hoje não tenha mais sentido — sem falar no que há muito já não fazia sentido estar na escola. E o que tem significado em 2020, quando enfrentamos uma pandemia em que a média é de 42 mil novos casos por dia? Pergunta que requer muita reflexão e cuidado.

Lembrei de uma cena da semana passada. A gente foi ver a exposição Os Gemeos, na Pinacoteca de São Paulo, e acabamos voltando para casa de metrô. Ainda que fosse assustador o transporte público quase seis da tarde em tempos pandêmicos, era a melhor alternativa. E o atropelo foi ver aquela multidão de brasileiros na linha vermelha, à espera do trem.

Mesmo que eu adore ver a imensidão daquele lugar, desta vez carreguei a fotografia das pessoas coladas quando a norma é de afastamento social. Aglomeradas, como se diz hoje em dia. E fiquei pensando: *como a gente pede "distanciamento social" a essa gente?* Não pede. No alto falante, a voz que dá avisos na estação pede o uso da máscara. Mas, claro, não o distanciamento social. Seria uma incoerência. Ainda que a maior delas sejam aquelas pessoas ali. Mas o Brasil é cheio de incoerências, né.

Recebi ontem a newsletter da Carol Delgado que toca o @puxadinho__, no Instagram. Como gosto de ler essa menina! No título, ela decidiu manter o pensamento de maio, quando a carta ainda era rascunho. "Atravessar é o jeito da natureza seguir", dizia. Olha que coisa mais linda! Tão hoje, né? E fiquei pensando no tanto de rupturas que habitamos por esses tempos. Um ano em que quase desisti do meu caderninho, das coisas que escrevo por ali. Dos pensamentos deliciosos que surgem e afloram para vida. E dos planos, dos projetos.

Este ano foi uma rasteira. Veja, já é dezembro. O mês em que todos pensam que o mundo vai acabar e correm para entregar mais, produzir mais. Sempre mais. Talvez ninguém tenha percebido que ele quem acabou com a gente primeiro. Mas, como a Carol bem lembrou na sua carta, e escreveu Ailton Krenak: "Quando aparecer um deserto, atravesse ele." Atravessamos, mesmo esgotadas. Isso, continuo esgotada. Estamos todas né. Quero aquela camiseta da Tati Bernardi, "eu sou bonita, mas estou cansada".

Porque existe amor em 2020 como você bem lembrou. E, em casa, temos uma gatinha nova para nos lembrar de manter essa certeza. Sorte nossa depois da minha dolorosa despedida. Digo, meu gato de 20 anos, morreu há dois meses e, ainda que não tenha sido um desaviso do próprio tempo, escavou algumas fissuras em mim. Um ano com tantas perdas que a cada nova vamos ficando mais fragilizados.

Os bichos por aqui voltam a ser quatro — todas fêmeas para compensar os quatro homens da casa. Estrela e Jasmin são as duas cachorras, Amora e Margot as duas gatas. E essa pequena tem sido a válvula de escape do confinamento. Sentar-se no chão para brincar tem um poder avassalador de reconstrução das rupturas nas quais vivemos. Férias, amiga!

Preciso me perder no mar de novo.

Um beijo para você e para o Antonio.

Comentário da Ju: *Eu fico mais feliz em receber suas cartas. Você e nossas trocas são algumas das "singelezas extraordinárias" que trazem afetuoso alívio a essa travessia de 2020, aqui no Brasil. Seguimos juntas, atravessando também o mar.*

Comentário da Carol: *Que coisa mais linda a gente inventou* 🤍⚡

Comentário da Ju: *Também acho.*

De Juliana para Carolina

São Paulo, 21 de dezembro de 2020

dança | música | gastronomia + drinques | poesia

Querida Carol, esta carta é, antes, um cartão de boas festas.

Só posso desejar saúde, muita. Para você e para os meninos – eles estão bem? Desejo fôlego, também. Qualquer antídoto para a exaustão.

Dançar segue sendo meu contraveneno. Vira e mexe, quando vem o afogamento, danço o que estou sentindo, sabe como? Danço também nos dias lúdicos de sol.

Sábado, reuni minha bolha de amigos, meu convite dizia: "querem vir dançar hoje à noite aqui em casa?". Nossa, fazia tempo que eu não convidava alguém para dançar na minha casa!

Tudo em 2020 foi on-line, ufa! Quando ficar velhinha, vou lembrar com alegria da minha festa de aniversário, em 8/8/2020. Ah, a pista via Zoom capitaneada por Diogo, que te contei que é um gênio. Dancei cinco horas seguidas, de salto. E, ah, deliciei-me com o pinot noir La Combe du Soleil, garimpado na Borgonha como parte da ótima curadoria da Anima Vinum, minha loja de vinhos preferida em Moema (e, agora, virtual também, claro!).

Sábado agora não foi diferente — só que eu não estava sozinha.

Dei uma trégua para "a vida intermediada por telas na qual tudo virou um programa de TV" (li sobre essa ideia na *newsletter* Margem, do nosso companheiro de profissão Thiago Ney. Você já é inscrita? Eu adoro, as sugestões de playlists dele são ótimas também).

Aqui na sala-que-virou-pista, entre uma e outra gargalhada enquanto dançávamos (sim, a gente dança e proseia ao mesmo tempo), fizemos uma rodada para cada um de nós escrever e ler em voz alta seu principal desejo para 2021.

Eis as respostas:

- Fazer quem eu amo feliz.
- Muitas pistas.
- Que haja pouca morte e que a desigualdade social diminua.
- A mesma quantidade de amor e empatia que colhi em 2020... e amizades.
- E o meu: que a gente siga dançando, sozinhos ou juntos — o corpo entende.

E isso de dançar engloba tudo. "Isso diz muito sobre minha caixa torácica", citando a poetisa portuguesa Matilde Campilho.

Fiquei com vontade de saber o seu desejo, me conta?

Um beijo, saúde e alegres mu.danças,
Ju

P.S.: Em janeiro, devo passar uns dias na praia com a Paula Brandão e suas meninas lindas. Você já viu o livro de fotografias *Efêmera*, em que ela retrata a maternidade com peculiares ternura e força, sobretudo na primeira infância? Sempre lembro de você quando penso em mulheres maternais, educadoras, belas... e, por ora, exaustas. Mas, talvez até por isso mesmo, mulheres que seguem dançando juntas.

Até 2021, sweet dancer!

Comentário da Carol: *Que delícia não termos perdido os desejos. Já te conto os meus.*
Comentário da Ju: *Os desejos nós ganhamos. Algo ganhamos, ufa! Esqueci uma das respostas: "poder correr pelado na rua de novo". Hahaha, de novo?*
Comentário da Carol: *De novo é a melhor parte! Hahaha.*

De Carolina para Juliana

Praia do Engenho, 23 de dezembro de 2020

dança | gastronomia + drinques | psicanálise

Juliana, como vai?

Chegamos ao fim do ano e que surpresa boa tua carta tão cheia de vontades. Recuperei o fôlego – com a carta e com o mar. Esses dias, enquanto você dançava, vim avivar o corpo nas águas salgadas. É o meu contraveneno. Meu antídoto para a exaustão, como você diz. E eu, que andava esgotada, recuperei corpo e alma. Parece que vou colhendo partes de mim e recompondo. Refazendo os encaixes. Dos melhores encontros dessa quarentena, ter o mar para fazer de abrigo é um deles. E nós duas nos abrigando nas palavras. Santas palavras, diriam minhas avós.

Olha que engraçado: você rememorando seu aniversário na carta e eu pensando sobre o meu, na praia. Não faria sentido eu estar em outro lugar que não no mar. Não este ano. Assim como não faria sentido você não dançar por horas ininterruptas no seu dia. Inesquecível uma festa via Zoom, e de salto alto. Aliás, esses dias meu sogro foi jantar em casa e contei a ele sobre a bebida Lillet. Tô louca para experimentar. Já pedi uma vez, mas me manda a receita do drink? Esse é um dos meus desejos para 2021.

Você me perguntou quais eram meus desejos e a revista *Gama* está com uma pergunta semelhante: o que você espera para 2021? E na minha última coluna do ano pra *She_Talks* falei justamente dos sonhos e desejos. Mas dos que deixamos em 2020 — ou dos que desistimos. Não sei. Sei que, para 2021, desejo um mar de amor, saúde e grandes sorrisos, como o cartão lindo que recebi das meninas queridas da marca Pade D. E também que tenha vacina e a gente possa festejar. Tudo. Porque tudo há de ser razão para festejar de agora em diante. Nunca a vida se tornou tão urgente.

Meus amigos ainda não escreveram seus desejos nos papeizinhos. Mas resolvi começar uma tradição aqui em casa. Comprei um dos cadernos lindos da Maria Helena Pessoa de Queiroz, da MH Studios, para que todos que estiverem em casa possam deixar seus registros. Fiquei com vontade de eternizar o tempo junto deles de alguma forma. Talvez para que eu possa acalentar a alma observando as particularidades da letra de cada um ou lembrando da música que tocava enquanto dançávamos na sala. Quero carregar comigo as alegrias vividas. Quero construir memórias.

Sabe o lugar de ler livros e ficar quietinho que o Antonio te perguntou? Desejo esse tipo de silêncio, de entrega. E para tentar desenhar bem os caminhos, me dei de presente *A descoberta*, o livro da Ana Raia.

Coisa mais linda, você precisa ver. Desejo também que a gente continue se encontrando nas palavras e fazendo delas essa grandeza de escrita. Não teve acolhida melhor. Seguimos!

Beijos, amiga.

Comentário da Juliana: Carol, você é uma das minhas "singelezas extraordinárias" de 2020. Profundamente tocada com sua carta linda, daqui, do lado de cá, louca de saudades do mar. E como nada nessa vida é à toa, como contei, as iniciais do nome completo de Antonio formam a palavra A.M.A.R. Tenho um novo desejo: que a gente se reúna logo no início de 2021 para tomar Lillet, prosear sobre o mar, dançar... obrigada por caminhar de mãos (e almas) dadas! Adoro você, seguimos, é nois! 🙏♡
Comentário da Carol: *Um brinde à gente e às singelezas extraordinárias que fomos construindo juntas. Beijos cheios de a.mar.*

De Carolina para Juliana
Praia do Engenho, 20 de janeiro de 2021

cinema + seriados | mar

Ano novo, Ju!!!!

Como foram ou como estão sendo as férias?

Faz tempo que não recebo notícias tuas, resolvi trazer as minhas — da praia e da vida. Tô aqui na maior alegria que habemus vacina e Kamala Harris. Uma dupla, que não é dupla, mas é a melhor dobradinha deste começo de 2021. É o verbo "esperançar", do educador Paulo Freire, dando o ar da graça.

Incrível conquista para o mundo ter essa mulher como vice-presidente de uma das maiores potências econômicas mundiais. O significado é para muito além da política dentro da Casa Branca. Para mim, olhar esta conquista é olhar também para a luta histórica das mulheres e todas as suas pautas. E sim, para o racismo. Estamos falando de uma mulher negra no poder. Que conquista!

Por aqui, ando com saudades das nossas conversas. Ando aconchegada no silêncio. Parece que tenho muito assunto para colocar em dia (comigo mesma). Talvez uns que andavam esquecidos na vida maluca de concreto da capital. Eu realmente perco a sanidade por aí.

Sol e mar me ajudam a recuperá-la. Voltei a observar o tempo. Ah, e como eu gosto dessa co.existência entre a gente. Tenho aproveitado pra maratonar literaturas e séries de tv. Minha mãe está aqui com a gente e acabamos de ver *The Crown*. Que fardo carrega uma realeza. Uau! A série é longa, tem muitas temporadas, mas é interessante observar essa construção e a permanência de tradições à custa de qualquer sentimento ou significado que se faz mais razoável. Tudo se cala em nome da realeza.

Só que a turma no sofá não parava de falar. Olha, assistir qualquer coisa aqui na praia é um evento. Ou você manipula parte da família para assistir o tal programa com você ou a interferência vai ser infinita. São quatro cachorros e onze seres humanos, entre adultos, adolescentes e uma criança. Eu e minha irmã, Mariana, decidimos, lá atrás, que faríamos a quarentena – eterna quarentena – juntas e seguimos firmes na empreitada. Assim como eu, na casa dela também são cinco. Soma-se aos dez, minha mãe. Só aqui já deu uma baita aglomeração.

Janeiro é o segundo mês consecutivo que ultrapassamos o anterior em número de mortes e contaminações, você viu isso? Fico pensando como vai ser a volta às aulas. Estou ensaiando um texto para o Estadão com essa pauta tão delicada e urgente.

Por aqui ainda temos mais uns dias de férias e sabia que ando praticando stand up paddle? Minha conquista de começo de ano. Passei uns cinco verões prometendo comprar uma prancha, mas nunca cumpria. Daí passava horas olhando o mar, completamente relaxado, e amargurava arrependida. Por que não comprei a prancha?! Por quê?! O mar de janeiro é um tapete suave, perfeito para surfar.

2021 e meu cunhado fez as honras do mar e comprou a tal prancha. Agora, passo horas a fundo me permitindo remar junto à calmaria. E tenho aprendido a perceber o corpo a cada braçada. É como se voltar para dentro das águas e o ouvir. Sentir.

Tem sido um treino responder aos movimentos em que não sou protagonista. Somos totalmente vulneráveis na água. Mas vou te contar um segredo: essa confiança entre a gente e o mar é algo arrebatador de sentir.

Espero que esteja tudo bem por aí. Me mande notícias.

Beijos em você e no Antonio.

Comentário da Juliana: *E a prancha é linda. Agora, imagina como deve ser libertador surfar? Amei ouvir de você, em breve te escrevo de volta. Muito breve. Vamos celebrar esse 20/1/21!*
Comentário da Carol: *É libertador como dançar, daquelas sensações boas de abrir os braços e sentir o corpo. Recomendo!*

De Juliana para Carolina
São Paulo, 3 de fevereiro de 2021

poesia | dança | música | arte

Querida Carol,
Sempre bom ter notícias suas!

A coisa não tem fim, né? Seguimos tão incertos sobre tudo, com tantas angústias. Sinto um medo diário. Coisa sem fim, ufa...

A vacina é, sim, um alento, um respiro. Gritei de emoção no meio da rua quando li, pelo celular, sobre a aprovação da Anvisa, no domingo à tarde, 17 de janeiro. Eu estava chegando ao Instituto Moreira Salles, na Av. Paulista – aliás, que lugar incrível aqui em São Paulo! Sempre com exposições emocionantes, como a que visitei da inglesa Maureen Bisilliat. Desde a década de 1950, quando se mudou para o Brasil, ela construiu um dos mais sólidos trabalhos de investigação fotográfica da alma brasileira, aliando a seu olhar de estrangeira a um respeito profundo pelos temas, sobretudo sertanejos e índios. Fiquei tão comovida, são imagens tão verdadeira e profundamente belas... você precisa ir lá! Isso sem falar na Livraria Travessa, no primeiro andar ao lado do café. Impossível sair sem um livro – comprei uma coletânea de Baudelaire, com poemas que falam sobre o sol e a lua. Fiquei feliz.

Neste mesmo "domingo da vacina" escutei — e dancei — em looping "Bum bum tam tam", do MC Fioti. Dancei para afastar a peste, literalmente. E, depois, emocionada e orgulhosa dos cientistas e profissionais de saúde no nosso país, tomei meu Lillet ao som de "Coisa nº 1", música de Moacir Santos. Como bem definiu minha amiga Aurea "viva o Brasil que é sexy!".

Também acho a arquitetura de Niemeyer sexy, não concorda? Adoro a famosa pensata dele: "Não é o ângulo reto que me atrai, nem a linha reta, dura, inflexível, criada pelo homem. O que me atrai é a curva livre e sensual, a curva que encontro nas montanhas do meu país, no curso sinuoso dos seus rios, nas ondas do mar, no corpo da mulher preferida."

Será um pouco por isso que a gente tece esse fio de confiança com o mar que você mencionou na sua última carta? O mar é sexy, suas ondas em curvas também o são, muito.

Leia a coluna da Aurea, *From A to Vie*, no Radar55, sobre a música "Menino do Rio", na interpretação de Baby do Brasil. No fim, é tudo um bocado por aí... saudades do Brasil sexy, ufa.

Vou terminar por aqui porque estou toda embananada hoje (há, adoro esta palavra!). Já iremos à Pinacoteca, consegui enfim os ingressos para OsGemeos. Coisa boa, contando os minutos para chegar lá! A Pina é um dos endereços onde mais me sinto bem em São Paulo. Sinto-me em casa, abrigada, arrisco dizer... sempre tenho uma sensação de aliviar um pouco o peso da alma, por uma só horinha que seja. Vai ver é culpa também da arquitetura de Paulo Mendes da Rocha... Sinto saudades imensas daquele lugar!

Mas estava cheia de vontade de prosear. E você, voltou para a praia? Leu mais algum livro? Tenho amado seus escritos no Instagram. Aqui, ainda estou na biografia da Sontag — wow, que história! O biógrafo Benjamin Moser cita bastante os trechos dos diários dela, que você tanto gosta.

No mais, a vida ainda anda bem à la aquela frase que você escreveu no início da pandemia, quando a gente quebrava um monte dos trezentos copos empilhados na pia: "entra, repara na bagunça".

Só o sexy nos salva, hahahaha.

Love,

Ju

P.S.: Te escrevi ao som de "Raise yo' hands", do álbum *Cast of cats*, de Wynton Marsalis & Lincoln Center Jazz Orchestra. Tão sexy. ;)

Comentário da Carol: *What's a lovely letter by a lovely song!*

De Carolina para Juliana

São Paulo, 27 de fevereiro de 2021

literatura | arte | poesia

Juliana, querida, o que foi aquela frase linda do Antonio no seu Instagram?

"Criança sempre carrega uma flor". Criança carrega tanta coisa, né. Aqui, continuo firme no acreditar que habitar a casa de verde é uma saída. Tenho me rendido aos cuidados das plantas a cada copo d'água. E cada vez que vou aguá-las, me "águo" um pouquinho também. Entendi que plantas servem para ajudar a gente a dispor os olhos dentro dos olhos. "Enxergar como quem usa a alma", escreveu uma poeta cujo nome não me lembro.

E sabe, algumas semanas atrás fomos ver Beatriz Milhazes, no MASP. Lucas, que já está com 15 anos, queria entender a relação dos títulos das obras com as próprias obras. Percorri alguns quadros com ele, olhando um a um, e tentei mostrar que, quando a gente observa arte, devemos observá-la como quem usa a alma, e não o cérebro. À dispor os olhos dentro dos olhos.

Tentar racionalizar o que é justamente uma desconstrução do concreto é tempo perdido – e incompreendido. Ainda que o ser humano tenha essa mania de buscar lógica em tudo, racionalizar a arte é torná-la incapaz de ser compreendida.

Estou lendo *A estrangeira*, da escritora italiana Claudia Durastanti, da editora Todavia, e a narradora traz para o centro da escrita uma determinada exposição de arte e diz o seguinte: "pensei em como a arte pode resgatar um indivíduo da diversidade, da diversidade da solidão". Tá aí outro poder da arte. Nos resgatar do pensamento singular e solitário para ampliar, alargar mundo. E nos resgatar da solidão interna que a gente acha que é diversa — mas só acha, né.

Existe uma solidão que tomou conta da gente de maneira nunca antes sentida. Mesmo os que gostavam da solitude, precisam agora enfrentar a solidão que é doída e, neste momento, parece intratável. Uma sensação eterna de domingo à tarde, de criança quieta. De som de passarinho no quintal vazio. Vazio. Estamos cheias de vazios.

E a quantidade de matérias sobre saúde mental nos provam que qualquer achismo não é mera suspeita. Com quase 2 mil mortes por dias, os casos de depressão aumentaram 90%. Imagine 90%! E isso quem divulga é OMS, Fiocruz, Sociedade de Medicina, não tem o que contestar.

E as crianças estão mais sedentárias, também. Trocaram a movimentação do dia a dia pelo sentar-se à frente da tela, divididos entre aulas remotas** e eletrônicos, e sobrou pouco tempo — e espaço — para outras coisas. OMS também divulgou números e são alarmantes.

Como está o Antonio por aí? Dos meus três adolescentes, apenas um continua movimentando o corpo por conta própria. Os outros dois reclamam. Minhas sobrinhas também. Virou um martírio. Pior são os truques que desenvolveram para driblar a câmera aberta das aulas on-line de educação física. É de uma criatividade ímpar. Minha sobrinha contou que fica sentada mexendo só os braços. O meu mais velho já colocou vídeo dele em outro momento. Ah! E outro dia eles me contaram sobre um site em que jogam a pergunta do professor e aparece a resposta. "Dar um Google" virou coisa de outro mundo para essa geração.

Olha, talvez mesmo só o sexy nos salve, como você escreveu. O sexy das curvas de Niemeyer, das ondas do mar, da dança. Uau! Saberei dançar quando tudo isso acabar?! Não sei. Ainda não consegui dançar como você faz no meio da sala. Adoro tua versão do "amor em movimento".

Por aqui, continuo a almejar os dias no mar. Dias em que tenho o horizonte para alargar o pensamento.

** Conferir artigo de Carolina Delboni, *Entenda o que é educacao digital e qual papel das escolas*, publicado no Estadão em 18 de maio de 2020.

Quando só me resta oferecer atenção. Enquanto isso, a gente se desdobra com os copos na pia e a dança do calendário entre aulas remotas e presenciais. Colei o cronograma dos três filhos na parede para não errar quem vai para a escola em qual dia. Vem, entra. Repara na bagunça.

Tá enrolado viver, amiga.

Mande notícias, beijos beijos.

Comentário da Juliana: *Minha querida Carol, recebi sua carta como quem recebe flores. Senti até o perfume, parece jasmim. Ah, minha flor preferida! Inspirada por suas palavras, vou ali na sala – trocar a playlist por uma mais animada e dançar. Sozinha mesmo, o corpo entende. Até porque "hoje é sábado", como diz o poeta (e deste não esquecemos o nome jamais!). Um beijo!*

Comentário da Carol: *Ah, esse poeta que a gente não esquece. Sabe que no jardim de casa tem jasmim? Descobri outro dia que é uma palavra masculina, mas sempre que olho para eles me lembro da minha vó. Ela era tão perfumada quanto uma noite de primavera. Beijos em você também* ♡ ✨

De Juliana para Carolina
São Paulo, 18 de março de 2021

literatura | arte | dança

Carol, salut!

Hoje temos live, às 19h, haha. Logo nós, que desenvolvemos certa birra — por assim dizer — a esta palavra aportuguesada, que virou ícone do mundo pandêmico, cujos diálogos (e afetos!) parecem só encontrar eco por meio de telas de tudo quanto é formato e tamanho.

Claro que o "só'" aí na frase acima carrega um exagero. Mas, tristemente, é real. Raras exceções, telas viraram vínculo entre as pessoas todas.

Ontem, Noemi Jaffe escreveu em seu perfil do Instagram sobre o exagero: "(...) que a gente se encha de profusão, que haja mais perdularidade e exagero. Exagerem, amigas e amigos, sejam mais prodigiosos e deem mais do que os outros precisam".

Nós duas, nas nossas correspondências, somos puro exagero. Profusão. Somos prodigiosas, será? Tentamos, ao menos. Fazemos amoroso convite à la as "singelezas extraordinárias" desse isolamento sem fim: "entrem, e, acima de tudo, reparem na bagunça".

A bagunça, contudo, não é exagero. O caos é da ordem do absurdo. A casa (e o cotidiano) de cabeça para baixo, com a dor acachapante de vivermos neste

Brasil, com a peste inominável (e dale #danceatéopulmãoinflar, furiosamente, com todo exagero do mundo, para afastar a peste).

Nossa indignação — raiva mesmo — tampouco é exagerada. A partilha é o nosso exagero. Talvez para que não sintamos falta de nós mesmas. O exagero transborda como a banheira d'água dos banhos lúdicos da infância ou o mar aí com seus meninos crescidos.

Lembrei de uma exposição que fui com Antonio que tinha a água como fio condutor, no Unibes Cultural, no fim de 2019. Tinha lá a afirmação escrita na parede: "você é água". Sem exagero. Somos feitos para transbordar, para sobrar exageradamente. Um pouco por esse motivo que nós estaremos logo mais proseando ao vivo na nossa primeira live (uhu!) mediada por Tatiana Lazzarotto, na página da Editora Claraboia.

Até a cisma com a tal da "live" já melhorou: até nossa implicância com a palavra — jamais com os diálogos e afetos compartilhados — é um exagero. O nosso jeito de abundar sempre foi esse: nós nos abrigamos nas palavras. E, a partir delas, acolhemos quem quer que chegue junto. Estamos juntos, com e sem exagero.

Um beijo,

Ju

Comentário da Carol: *Acho que vou fazer uma listinha de possíveis palavras que nos caracterizem. No mínimo é um jogo interessante de autodescoberta.*

De Carolina para Juliana
Praia do Engenho, 3 de abril de 2021

música | poesia

Ju, minha querida,

Que delícia nossa última conversa e a live sobre cartas. Reafirmamos os laços. Tão bom te ter por perto quando tudo parece tão fácil de desmoronar. Mais de 300 mil vidas perdidas e me sinto atravessada por uma incapacidade sem precedentes.

Estava agora escutando uma fala de três professoras da EJA, Educação de Jovens e Adultos, para meu estágio de políticas públicas, da pedagogia. Todas elas são integrantes do MOVA, Movimento de São Carlos, que atua nas áreas rurais, periféricas e vulneráveis, e veja o que uma contou. "Temos um educando de 84 anos que está aprendendo agora a ler e escrever. Esse senhor passou uma vida sem poder ler um livro. Negar o direito à leitura e a escrita negligencia todos os outros".

Escuta esta outra fala: "não é possível educar uma pessoa que está com fome". Duas horas depois de palestra, terminei incrédula pela nossa indignação de sofá. Pela inércia que transpassa a vida da gente — vida essa de adjetivos incapazes de quantificar o privilégio. O ano é 2021 e o país está cheio de campanhas para alimentar famílias que estão passando fome. O

Brasil desperdiça 24 milhões de toneladas de alimentos por ano, 40kg por pessoa. E ainda tem gente passando fome.

Ia te contar como anda o mar e... quê mar?! Perdi o mar. Perdi o rumo e o prumo. Acordei com um nó no peito hoje — peito que não suporta tudo. Fui olhar o céu que agora é outono. Porque "é preciso continuar a meter o coração pelos atalhos", como bem escreveu o escritor Rui Pires Cabral, no poema *Esplanada*.

Lembrei também do poema-música da Alice Ruiz, "Socorro, eu não estou sentindo nada". Eu escrevo porque me ajuda a sentir. Preciso exercitar as palavras doces para lembrar que elas existem. Que a gente existe. E resiste.

A carta hoje é curta, amiga. Fiquem bem.

Comentário da Juliana: *As perdas coletivas esgarçam o tecido psíquico, mas é no trauma que se reconstrói uma ideia de renascimento, valorizando o que é precioso. Que este hiato da Páscoa seja a vitória sobre nós mesmos. Firmeza, minha amiga.*

De Juliana para Carolina
São Paulo, 14 de abril de 2021

gastronomia + drinques| música | poesia | dança | mar

Minha querida,

Coisa boa receber sua carta no Sábado de Aleluia, sempre me abrigo nas suas palavras. Tenho renascido pouco a pouco, diariamente. Mas, olha, a Páscoa foi alegre!

Na Sexta-feira Santa, encomendamos bacalhau no Costa Nova, restaurante português da Vila Madalena. Harmonizamos com o Tonnerre Le Parc du Château, safra 2016, um dos vinhos que pedi na Anima Vinum, loja especializada em pequenos produtores da Borgonha (adoro este conceito!).

No domingo, foi cordeiro com o pinot noir Savigny Lès Beaune Les Pimentiers, 2015. De aperitivo, blini de salmão com o Petit Chablis Vieilles Vignes (2018), que li que une "notas minerais à entrada de mar com toques defumados". Admiro esse jeito quase poético como nossos colegas jornalistas escrevem sobre vinhos. Não é bela a ideia de um Petit Chablis com entrada de mar? Lembrei da sua paixão pelo mar, claro.

Fiquei contente porque Antonio gostou dos pratos. Coisa louca isso de ficarmos tão felizes com trivialidades, sobretudo em relação aos nossos filhos. Ouvimos Bach, por conselho amoroso da Aurea. Você não calcula minha emoção ao vê-lo coreografando *A Paixão Segundo São Mateus*, com a luz do arrebol no céu adentrando a sala.

Ontem, quando fui colocá-lo para dormir, li na cama com ele *A menina do mar*, da poeta portuguesa Sophia de Mello Breyner Andresen, que começou a escrever em 1944. Já li em algum lugar que o estilo lírico da poesia dela é comparável, aqui no Brasil, com o de Cecília Meireles, que você tanto recomenda. Narrado no português de Portugal, (o que Antonio logo percebeu, por causa das conjugações da segunda pessoa do singular!), o livro conta uma história que permeia dois de seus assuntos prediletos: fundo do mar e dança.

E o vinho é uma das coisas bonitas da terra que a menina que vive no mar vai conhecendo – ela é apresentada também ao fogo, na forma de um fósforo que acendemos e apagamos feito mágica. Veja esta passagem, que sincrônica com meus últimos dias, aqui agarrada à ideia de renascimento da Páscoa: "Hoje, trago-te uma coisa da terra que é bonita e tem lá dentro alegria. Chama-se vinho. Quem o bebe, fica cheio de alegria".

Sempre que divago sobre a vida (ou a sobrevivência) nesse último ano, me espanto com o quanto a dança e o talento de Antonio para desenhar nos salvaram. Fico arrepiada com seus desenhos de fundo do mar com lulas, polvos, águas-vivas, peixes, algas, anêmonas, corais, sereias etc.

Dia desses, li o poema *Inventei a dança para me disfarçar*, também de Sophia, e senti aquele "wow" de quando nos identificamos por completo com uma obra de arte.

> *Inventei a dança para me disfarçar.*
> *Ébria de solidão eu quis viver.*
> *E cobri de gestos a nudez da minha alma.*
> *Porque eu era semelhante às paisagens esperando.*
> *E ninguém me podia entender.*

Não sou eu, aí abrigada (quiçá definida), nas palavras da poeta?

Um beijo saudoso,
Ju

P.S.: Preferi escrever poeta a poetisa porque acho que a palavra "poeta" engloba tudo.

P.S.2: "No mar o tempo não morre": uma das maravilhosas pensatas do livro infantil (!) de Sophia, que achei você todinha... você poderia ter escrito isso!

Comentário da Carol: *Eu tenho me abrigado nas profundezas do Antonio. Quando não posso estar no mar, procuro os desenhos dele para mergulhar um tico que seja. Quase como se eu recuperasse o ar, como acontece quando a gente lê poesia.*

De Juliana para Carolina
São Paulo, 15 de abril de 2021

música | poesia | literatura

Carol querida,

Sei que já te escrevi ontem, mas segue aqui um "segundo ato" da minha carta porque há um sem-fim de coisas entupindo o pulmão, o coração, a garganta... e pressionando o maxilar e os ombros. Minhas palavras, escritas ao som de Debussy ("La Mer - 1 De L'aube a Midi sur la Mer"), também me abrigam.

Li sua carta com muita comoção.

Os números citados por você são prova cabal do horror. Não aguento não transbordar a água que somos: vira e mexe, escapa uma lágrima supostamente sem motivo. Na verdade, há montanhas de razões.

Em apenas doze dias, abril já se tornou o mês com o segundo maior número de mortes por covid-19 no Brasil desde o início da pandemia: já são 33.145 mortes registradas neste mês, li ontem no G1.

E essa tragédia paralela referente à falta de acesso à escrita no Brasil de hoje que você comentou provoca vertigem. A falta de educação aliada à fome, então, é como um punhal. A gente costumava conviver com a fome no país — que luta gloriosa a de Betinho e sua Ação da Cidadania, lá no início da década de 1990.

Essa dor voltou. Que dor, fico toda arrepiada, vontade de berrar. Ir para a janela e gritar "fora, genocida!" todos os dias. Genocida cu de boi.

Precisei ir atrás de um copo d'água ao ler sua carta. A garganta fechou, o ar titubeou. Falta de ar há, mesmo respirando. Venho sentindo com regularidade, como se a saliva não fluísse garganta abaixo. O peito aperta.

O sono restaurador, bem, o sono, de modo geral, virou um desconhecido. São noites sem fim de insônia, que, sendo franca, acabam até me fazendo ler e escrever mais, além de me proporcionarem assistir ao dia amanhecer bem cedinho, lá pelas 6 horas.

Tem sido bonito observar a mudança das nuances da paisagem do verão para o outono. E que prazer sair na varanda, de pijama, e sentir o friozinho outonal. Outro dia, dei a sorte de assistir ao adormecimento da Lua — sim, ela ainda estava lá no céu de manhãzinha, devia estar cansada de brilhar a noite inteira, que labuta, coitada.

Como a lua me fez companhia nesse último ano!

Já te contei do meu poema da Lua? Recebi de um amigo que virou amor e, depois, amigo de novo, acho. Se é que podemos saber algo sobre Lua, poesia e amor!

Na verdade, não é exatamente um poema. É um trecho do romance *Sob o céu que nos protege*, de Paul Bowles, que inspirou o filme de Bernardo Bertolucci

— você já assistiu? Acho tão bonito. Mas, bem, um dos versos diz assim: "Quantas vezes mais assistirá ao nascimento da lua cheia?".

Ah, amiga querida, a hashtag mote do Radar55 #olharemosmaisparaocéu parece ter sido uma das nossas principais conquistas desde março de 2020.

Você também andou vendo tanta lindeza lá no alto... lembro bem dos passarinhos pousados no fio de eletricidade. Recordo também do arco-íris que você encontrou na praia (gostei tanto que publiquei como uma das inspirações lá no Radar55). Sempre adorei arco-íris — bem, eu e a torcida do Flamengo, haha.

Mas, olha, continua me mandando notícias suas com fotos do céu, por favor?

É nosso abrigo também, o céu.

Um beijo, fiquem bem, você e os meninos,

Ju

P.S.: Escrevo abaixo todo o trecho de Bowles, para você se maravilhar. E, ah, pesquisei na internet que a próxima lua cheia será dia 27 de abril, anota aí!

A morte está sempre no caminho, porém o fato de nunca se saber quando ela chegará, parece amenizar o caráter finito da vida. É aquela precisão terrível que odiamos tanto. E como não sabemos, temos a tendência a encarar a vida como um poço inesgotável. Entretanto, tudo só acontece uma determinada quantidade de vezes e, na realidade, uma quantidade muito pequena. Quantas vezes mais você irá se lembrar de uma certa tarde em sua infância, alguma tarde que faz tão profundamente parte de seu ser que não conseguiria imaginar sua vida sem ela? Talvez quatro ou cinco vezes mais. Talvez nem isso. Quantas vezes mais assistirá ao nascimento da lua cheia? Talvez vinte. E, no entanto, tudo parece não ter limites.

De Carolina para Juliana
São Paulo, 24 de abril de 2021

psicanálise

Ju, como vai?

Menina, acordei hoje virada na jiraya (adoro essa expressão dos anos 1980).

Olhos inchados, cansados. Eu estou com a expressão visivelmente esfalfada e tudo que eu queria hoje era não olhar para a tela do computador. Mas tenho três palestras de estágios de educação para assistir e páginas e páginas para escrever — e só o falso silêncio do fim de semana me permite dar conta de tudo.

Sai de casa com o fone, escutando a primeira aula, e resolvendo coisinhas na rua. Precisava comprar o sérum de acne do Felipe que acabou, deixar umas roupas na costureira — não sei para que arrumar, mas existe um desejo de um dia meu armário voltar a fazer sentido — e precisava levar a Estrela para tirar os pontos da cirurgia. Coisinhas de sábado pela manhã, sabe.

Tudo isso e a aula lá na minha orelha. Hoje, as falas ficaram estancadas ali. Nada passou pelas cordas sonoras, o que dirá penetrar o meu cérebro. Absolutamente nada. Eu estava no vazio do silêncio interno. Mas de fone e de sorriso congelado na tela. Às vezes vejo essas cenas e fico pensando na gente atordoando os filhos para abrirem as câmeras porque "isso é falta de respeito com o professor". Somos mestres dos discursos.

Mas hoje — não sei para quê ou por quê — ofertei tempo me analisando no espelho. Caracas, a pandemia fez um estrago, amiga. Tem ruga, tem marcas, tem linhas, tem idade, tem tanta coisa. Tem uma fadiga correndo quente pela minha pele. A gravidade nem se fala! As forças de atração estão disputando espaço entre minhas bochechas e meu pescoço. Me resta observar o que anda acontecendo pelo reflexo.

Paro na frente e fico abismada olhando para mim mesma. Tentando entender esse trator descarrilhado que passou sobre a gente — e não vai embora né. Já coloquei vassoura atrás da porta e nada! Menina, que dureza. Tô virada do avesso hoje, tentando entender os reflexos, ou buscar os eixos.

E os cabelos brancos? Tenho muitos, há muitos anos e, de tanto tempo na praia, fui deixando. Quando vi, tinham se passado três meses e as raízes que me incomodavam logo na semana seguinte em que eu tingia, não me atacavam mais. Me olhei no espelho e percebi que a guerra tinha dado trégua. Estava tudo bem com aquele enxame de fios brancos. Não precisava mais esconder, disfarçar com rímel ou usar aquele spray da L'Oréal. Foi um cessar fogo.

Fiquei tão confortável com esta nova versão de mim que nem mais os meninos me intimam dizendo que está na hora de tingir os cabelos. Só o Daniel que, outro dia, desavisado, eu diria, me olhou e disse espantado: "nossa, mas você está com muito cabelo branco né?".

Se eu vou deixar os cabelos grisalhos assim? Não tenho ideia. Sei que não me vejo mais pintando todo mês e não é porque quero me libertar de nada, não. Adoro um cabeleireiro ou um *do it yourself* no banheiro de casa. Só cansei. Deu vontade de mudar. Sabe quando você usa um vestido por dez anos e, de repente, olha e fala "chega, não combina mais comigo"? Simples assim, sem grandes bandeiras — ainda que seja contemporânea.

Até quando eles ficarão assim? Até eu me encher o saco, objetivamente. E como a pandemia anda me enchendo mais do que os cabelos. Sigamos!

Ah! Sabe que passei rapidamente no clube para pegar uma coisa na secretaria e só de ver pessoas andando me deu uma alegria danada. Parece besteira, mas me deu uma certeza concreta de que existe vida. Tinha gente sorrindo. Dava para ver pelos olhos — os olhos da gente agora brilham, já reparou? Deu até esperança, essa certeza de viver, sabe. Foram poucos minutos, mas foi lindo poder ver gente de novo.

Um beijo, minha querida.

De Juliana para Carolina
São Paulo, 29 de abril de 2021

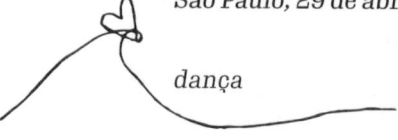

dança

Querida, Carol,

Quantos frutos nossas correspondências estão dando!

Andei pensando na intimidade que ganhamos por conta das nossas cartas trocadas via Instagram — bem tecnológicas, haha, ao modo possível nesses dois anos pandêmicos. Não fosse essa coisa surreal, tristíssima e sem-fim, não teríamos nos escrito. Tampouco seríamos amigas hoje. A cumplicidade, então, nem pensar... a gente mal se conhecia quando compartilhamos as primeiras palavras! E começamos essa nossa prosa epistolar contando sobre as conquistas das nossas amigas, lá no início da quarentena, em maio de 2020, você se dá conta disso?

Será que você acha isso tão bonito quanto eu acho?

Na verdade, vivo te escrevendo mentalmente... e tantas vezes as cartas caducam porque são escritas apenas na minha mente. Tudo culpa desse tempo "novo" (como detesto essa coisa de "novo normal", pois não consigo parar de estranhar cada vez mais tudo que estamos vivendo!). Não me adapto de jeito nenhum.

As aulas remotas do Antonio seguem um suplício para mim. A sinfonia cacofônica formada pelas vozes das professoras e crianças junto aos ruídos dos lares alheios já é um trauma. Tampouco, por exemplo, sou capaz de achar "normal" todas aquelas crianças de 4 ou 5 anos uniformizadas e usando máscaras nos dois dias semanais que o tenho levado e buscado no colégio para as aulas presenciais. Eu não tiro de letra, não – e sempre me comovo. E, você, como andam os meninos em relação à bendita educação à distância? Estão topando ficar com as câmeras abertas durante as aulas remotas? Ai, como eu os entendo em não querer... ufa, que exaustão esses encontros todos via Zoom... coisa que não tem fim!

Ultimamente, também me sinto engolida, afogada, enforcada. O cotidiano anda passando num ritmo que custo a acompanhar (vira e mexe, passo o dia "virada na jiraya", expressão que você resgatou lá da década de 1980, haha). Haja resiliência, minha amiga! Também me sinto julgada, mas só eu sei a sobrecarga absurda (ou melhor, só nós, as mães trabalhadoras que estão nessa luta diária e solitária da maternidade em pandemia, sabemos!).

A gente envelheceu nesses últimos meses, sim, minha querida. Você está mantendo sua decisão de não mais tonalizar os fios de cabelo brancos? Como te contei na mensagem do WhatsApp, meu termômetro para voltar a me cuidar mais (estou bebendo água e passando os cremes!) foi o texto *Estamos vivos, estamos vivos!*, da minha amiga Aurea Vieira, em sua coluna quinzenal *From A to Vie*, no Radar55 (faz uma busca lá pela hashtag #fromatovie que você vai gostar!). O próprio título carrega um alerta de reação coletiva tão necessário, e ela diz lá na prosa: "(...) Todo sentimento de beleza, de bondade, de felicidade vem em pequenas cápsulas, são espasmos rápidos que, assim que se esvaem, nos deixam com a sensação de culpa de termos estado muito feliz em dias horríveis. O desequilíbrio da natureza, portanto, nos tira completamente a noção do tempo e nos envelhece feiamente como nunca. Não é ruim envelhecer... o lastimável é envelhecer com letargia e tristeza, oscilando entre sentimentos impotentes, como seres semi-inanimados."

Acho que é isso, minha querida: vamos lá ficar belas sem truques, parecendo exatamente a idade que temos — e envelhecermos com movimento e alegria, abrigando-nos nas palavras, sempre.

Hoje chegamos a 400 mil mortes pelo vírus aqui no Brasil. Isso é gente demais. Luto demais. (Agora, precisei encher o peito numa respiração forçada para ganhar fôlego e seguir aqui com você.)

Tenho me agarrado à ternura da primeira infância na convivência aqui com Antonio. As nossas tais "microdoses diárias de afeto", né? Sempre me traz muita alegria — e esperança —, como a sensação de vida que você teve no passeio ao clube. Vamos combinar uma prosa ao ar livre, debaixo de uma árvore bem bonita? Tem o conjunto de Ficus, ali na área do tênis, que acho uma pintura. Era meu cantinho de amamentar e ninar o Antonio quando ele era recém-nascido, e, aqui entre a família, brincamos que é a árvore do Antonio. Vamos, vamos?

Também sigo dançando, você sabe. Danço como respiro (ou como catarse), conforme a chamada da oficina que farei com Juliana de Moraes, no início de maio. Foi ela quem me apresentou a dança, assim como o processo de elevar o espírito, no início da quarentena, em março de 2020. Coreógrafa, bailarina e professora pesquisadora da Unicamp, seu projeto *Dança para Afastar a Peste* é maravilhoso — e foi (e ainda é) meu salvamento diante do horror. Depois te conto sobre a oficina, estou bem animada.

Você já experimentou dançar assim, como respiro (ou como catarse)? É imbatível num momento em que precisamos demais de ar!

Um beijo, espero que possamos estar juntas muito em breve,

Ju

De Carolina para Juliana
São Paulo, 21 de maio de 2021

literatura

Ju, como estão os dias por aí?

Quase um mês depois, eu te escrevo. Fico aliviada que as cartas permitam esse tempo entre as nossas conversas. Ufa, já basta o mundo nesse formato acelerado. Essa semana o WhatsApp liberou a função de avançar as mensagens com maior velocidade e vi muita gente comemorando. Eu devo ser mesmo de outro mundo porque se tiver que dar *fast forward* em qualquer plataforma de mídia, desisto. Não me relaciono com ela — talvez porque eu não me relacione bem com altas velocidades.

Hoje estou um tanto reflexiva. Comecei a investigar a escrita em primeira pessoa e ando pensando sobre as existências humanas. Recentemente li *Argonautas*, de Maggie Nelson, e ela faz uso da própria biografia para observar alguns temas super provocadores. A escrita e a escolha de palavras é um deles. A narrativa é um grande ensaio e ela convida a gente a fazer alguns mergulhos junto da sua história. Brilhante!

As experiências humanas são realmente eventos riquíssimos. Estava aqui pensando que talvez tenha prosperado desta consciência os inúmeros programas de realities shows. Só que numa versão de narrativa batida — ou tosca. Eu, honestamente, acho de uma pobreza intelectual violenta. Porque pressupõe uma banalidade das questões humanas que me parecem desnecessárias ao mundo atual. Ainda que brotem assuntos relevantes desses programas, definitivamente, prefiro o uso que faz a literatura.

Minha tutora de escrita comentou hoje sobre *Recordações da minha inexistência*, de Rebecca Solnit, e fiquei pensando o quão complexa é a própria existência. Um paradoxo perfeito, aliás, para os tempos atuais em que parece haver uma ausência humana em dias tão iguais, tão vazios de futuro. Será que um dia vamos falar das nossas lembranças dessa atualidade tão "inexistente"? Ainda que o mundo faça um esforço danado para não deixar a gente esquecer dessa merda toda.

Esses dias, Lucas, meu filho do meio, veio pedir para que não falássemos mais de morte. "Tudo é morte agora nessa casa". Veja que contradição: a fase da vida que a gente mais desfruta da própria vida, anda carregada de mortes, de lutos. Estamos, como sociedade, minando uma geração inteira incumbida de sonhar e desbravar o futuro. Sabe aquela frase que a gente gosta de usar, "a geração do futuro"? Dobra, guarda na caixinha e põe lá em cima do armário.

Vamos precisar reinventar tantas, tantas coisas, minha amiga. Reinventar esse conceito de futuro.

Porque até ontem era onde todo mundo almejava estar. Hoje, neste presente incerto, o mais certo é o passado. É lá que a gente tem a incontestável segurança da vida. Mais do que um lugar nostálgico, fico pensando que é um lugar de refúgio, de abrigo. Como fizemos eu e você aqui com as cartas. A gente acha meios de "voltar pra casa", não é?

Essa semana me dei o direito de voltar a nadar também. É meu momento respiro – ou lugar de catarse, como quando você dança. Respirar dentro d'água parece outro paradoxo, mas vou te contar que é uma via de oxigenação profunda. É onde eu descanso os olhos exaustos da tela, onde dissolvo os nós que se formaram no corpo ao longo de um dia trocando de cadeira dentro de casa. É onde eu faço os arremates de tantos logins e logouts.

Feliz que temos, as duas, os espaços de expansão. Por onde se respira e a gente não pira – ou pira menos, bem menos. Quero nossa prosa ao ar livre, pode ser debaixo de uma árvore bem bonita como o Ficus que você falou. Quem sabe a gente não ganha mais um lugar para fazer de abrigo. Para ter como morada.

Ando em busca das paisagens belas – quem não? Peito não suporta tudo e a gente precisa dar conta de esvaziá-lo de tempos em tempos.

Vou ficando por aqui, minha querida. Talvez nossas correspondências, neste formato, também. Formato tão delicado e gentil que encontramos de conversar e trocar tantas, tantas experiências humanas. Tá aí outro lugar para eu investigar as existências, nossas cartas.

beijos carinhosos e nos vemos em muito breve.

Um passeio pelos livros que nos inspiram

A lição do amigo, de Carlos Drummond de Andrade, editora Companhia das Letras (2015)
"As cartas reunidas e anotadas no início da década de 1980 são o testemunho luminoso de uma amizade entre dois autores fundamentais para o Brasil. Entre conversas sobre a natureza da poesia, o dia a dia prosaico e comentários sobre como é ser artista no país, conversas que desfiam afeto e inteligência."

Observação particular: As cartas vão dando espaço para um intercâmbio literário e afetivo de arrepiar qualquer leitor. E é de uma grandeza permear a intimidade do pensamento desses dois autores (Drummond e Mário de Andrade) quase que inacreditáveis. É lindo observar os domingos de escrita de Carlos ou a vida cheia de palavras terminadas em "issímo" de Mário.

A menina do mar, de Sophia de Mello Breyner Andresen e ilustrado por Veridiana Scarpelli, editora Sesi-SP (2017)
"A escritora projeta sobre crianças de todas as idades o desejo de mergulhar definitivamente no Azul, de unir a terra e a água numa mesma pátria de alegria e fluidez. Ali, gaivotas e seres marinhos articulam o mágico encontro de um menino com a praia que o fas-

cina, numa história que ensina o amor e a saudade como grandes afetos dos seres que veem, no mar, uma pátria sonhada", do texto de Lilian Jacoto.

Observação particular: Tenha este livro por perto. Leia sozinho – e com as crianças da sua vida.

Adagiário Brasileiro, de Leonardo Mota, edição comemorativa ao centenário de nascimento do autor, Banco do Nordeste do Brasil (1991). Originalmente, editado pela José Olympio, em 1980

"O tempo não passa em vão. Algumas décadas decorreram desde que Leonardo Mota deu por concluído o livro que se perdeu depois de sua morte. Neste interregno, as letras paremiológicas passaram a ser cultivadas com mais frequência entre nós, e algumas obras vieram enriquecer-lhes a incipiente bibliografia. Mesmo assim, estamos certos de que o que organizamos e apresentamos é um grande livro – sério, autêntico e sem igual, ao mesmo tempo que interessante, alegre, capitoso, com todo o feitiço de coisa espontânea. Veja-se a magia do velho Leota: de um tema que geralmente é fábrica de bocejos fez algo que se pode ler com o mais puro deleite", trecho do discurso de Orlando Mota, no lançamento do livro, na Universidade Federal do Ceará, em 18 de dezembro de 1982.

Observação particular: Um livro de cabeceira que traz uma coleção de adágios que representa a própria conservação da herança cultural do nosso país. É uma obra para folhear e ler aleatoriamente adágios como "quem é do mar, não enjoa", "quem está bem, deixe-se estar" ou "mais faz quem quer do que quem pode". Como conclui Paulo Rónai no prefácio, "Quando um homem topa com a própria vocação, dão-se desses milagres. Leonardo Mota topou com a sua. (...) Assim pude, antes dos outros, deslumbrar-me com este monumento do folclore brasileiro."

As pequenas virtudes, de Natalia Ginzburg, editora Companhia das Letras (2020)

"No que diz respeito à educação dos meus filhos, penso que se deva ensinar a eles não as pequenas virtudes, mas as grandes. Não a poupança, mas a generosidade e a indiferença ao dinheiro; não a prudência, mas a coragem e o desdém pelo perigo; não a diplomacia, mas o amor ao próximo. Assim começa o texto que dá título ao livro, um elogio extraordinário às verdadeiras grandezas humanas."

Observação particular: Outro livro que não traz cartas, mas ensaios em que a autora aborda questões muito presentes na vida cotidiana e que transpassam gênero, e por isso faz sentido estar aqui como referência literária.

***Carta ao pai*, de Franz Kafka, editora Companhia das Letras (1997)**

"Aos 36 anos, Kafka escreveu a seu pai uma carta de cinquenta páginas que jamais enviou. O escritor realiza uma viagem introspectiva que constitui um ato de vingança e um esforço de reconciliação."

Observação particular: Imagine uma sentada na poltrona do terapeuta com direito à linguagem literária de altíssimo nível. Kafka fala das dores, das lacunas e das conversas travadas com Herman, seu pai. Interessante adentrar também nas teorias que ele faz sobre casamento e o amor que sente ao tentar convencer o pai do consentimento.

***Cartas a um jovem poeta*, de Rainer Maria Rilke, editora Biblioteca Azul (2012)**

"Investigue o motivo que o manda escrever; examine se estende suas raízes pelos recantos mais profundos da sua alma; confesse a si mesmo; morreria se lhe fosse vedado escrever?"

Observação particular: Rainer foi um escritor que nasceu em 1875, em Praga, e foi educado sobre um forte catolicismo. Pense nessa pessoa escrevendo a um aspirante a poeta entre 1902 e 1912. O escritor escava os caminhos internos para revelar o processo da escrita. Um livro lindo, amoroso, mas também muito dolorido e solitário – ainda que ele transforme tudo em ato heroico.

***Cartas a uma negra*, de Françoise Ega, editora Todavia (2021)**
"Vinda das Antilhas, Françoise trabalhava em casas de família em Marselha, na França. Um de seus pequenos prazeres era ler a revista *Paris Match*. Folheando, deparou com um texto sobre Carolina Maria de Jesus. Identificou-se prontamente e passou a escrever cartas jamais entregues."

Observação particular: Mais do que intimidade, existe identificação com Carolina Maria de Jesus; e as cartas deixam claro quando Françoise aborda temas como racismo, trabalho escravo e a condição das mulheres e dos seus filhos. As passagens sobre esta relação e os diálogos com a patroa são pontos fortes e que contam História.

***Cartas brasileiras*, organizado por Sérgio Rodrigues, editora Companhia das Letras (2017)**
"Descortina-se um universo inimaginável quando se lê a correspondência dos personagens marcantes da História do Brasil. Coletânea de oitenta cartas dignas de nota, recebidas ou enviadas por escritores, artistas e políticos, entre outros personagens curiosos."

Observação particular: Cartas são símbolos fortíssimos da história de qualquer país. Nesse livro fica evidente a importância delas num lugar protagonista para contar sobre esse lugar, revelar segredos, acordos e meandros por detrás do que poucos ou ninguém sabia. É uma maneira de entender mais sobre o Brasil sem buscar os livros da escola. São pontos de vista de uma mesma faceta de país.

Cartas de um diabo a seu aprendiz, de C. S. Lewis, editora Thomas Nelson (2017)

"Dedicado ao amigo J.R.R. Tolkien, é um clássico da literatura cristã e um retrato satírico da vida humana pelo ponto de vista do diabo. São correspondências entre o diabo, que revela uma personalidade mais espirituosa, e seu sobrinho aprendiz. Sobre tentações e a superação delas."

Observação particular: São cartas ficcionais e aqui já é um grande ponto pelo qual vale a pena ler o livro. O gênero, que é frequente na não ficção, aparece como suporte dessa literatura e funciona. Um tanto quanto cômico a forma carinhosa como ambos iniciam suas correspondências, mantendo algo que é muito particular de quem escreve cartas.

Cartas de uma pandemia, organizado por Tatiana Lazzarotto e Tainã Bispo, editora Claraboia (2021)

"Se você pudesse enviar uma carta para si mesma(o) antes da pandemia ser decretada, o que escreveria? Esse convite-reflexão norteou as cartas reunidas nesse livro: testemunhos de um ano de quarentena.

A obra documenta, por meio de relatos pessoais, uma ferida (ainda) aberta na história brasileira."

Observação particular: Trata-se de um livro que, talvez, possa ser lido aos poucos. Carta a carta, pois cada uma delas toca o leitor de modo peculiar. São 31 no total, escritas por trinta adultos e uma criança. Impossível não se identificar, aqui ou ali, com os testemunhos corajosos de quem acredita na escrita – e no compartilhamento – como forma de resistência. Tal qual este livro que você tem em mãos.

Cartas exemplares, de Gustave Flaubert, editora Imago (2006)

"O que eu gostaria de fazer é um livro sobre nada, um livro sem amarra exterior... um livro que não teria quase tema, ou pelo menos em que o tema fosse quase invisível... eu sou um homem-pena. Sinto através dela, por causa dela, em relação a ela e muito mais com ela. Este homem que se diz calmo está cheio de dúvidas."

Observação particular: Uma coletânea de cartas a amigos em que, ao longo da escrita do livro, *Madame Bovary*, Flaubert questiona o próprio fazer. Existe uma luta interna entre o que ele chama de labuta e as palavras que tanto têm prazer em desvendar. Mas existe um desespero em precisar escrever e, permeada por uma vida rotineira e acontecimentos históricos, a sequência de cartas revela um autor que não transparece na excelência de seus romances.

Cartas extraordinárias, organizado por Shaun Usher, editora Companhia das Letras (2014)

"Do comovente bilhete suicida de Virginia Woolf à receita de scones que a rainha Elizabeth II da Inglaterra enviou ao presidente norte-americano Eisenhower; do pedido especial que Fidel Castro, aos 14 anos de idade, fez a Franklin Roosevelt; o livro é uma celebração do poder da correspondência escrita, que captura o humor, a seriedade e o brilhantismo que fazem parte da vida de todos nós. São 125 sobre uma série de eventos e pessoas notáveis."

Observação particular: Na página 111, uma menina de 8 anos escreve ao editor do jornal nova-iorquino *Sun* para saber se o Papai Noel realmente existe, depois de questionar o pai que lhe respondeu "se está no *Sun*, é verdade". Em tempos de fake news, é relevante a busca pela veracidade de uma informação na imprensa.

Cartas extraordinárias: Amor, organizado por Shaun Usher, editora Companhia das Letras (2020)

"Um volume de trinta correspondências emocionantes sobre o amor em todas as suas formas e tudo aquilo que nos torna humanos: a frio na barriga e a decepção, as alegrias e os ressentimentos e, sobretudo, a esperança que se renova diante de uma nova paixão."

Observação particular: Esse livro é, primeiramente, o privilégio de ler algumas das cartas de amor de pessoas como Frida Kahlo, Mandela e Machado de Assis, entre outros. Depois, a delicadeza de poder observar as minúcias do amor com tanta diversidade de olhares.

Cartas extraordinárias: Mães, organizado por Shaun Usher, editora Companhia das Letras (2020)

"Correspondências em que mães são protagonistas. Amáveis, espirituosos ou doloridos – às vezes tudo ao mesmo tempo – esses escritos compõem um retrato emocionante e complexo dessa relação intrínseca à nossa existência."

Observação particular: O ponto alto desse livro é a carta de Martin Luther King a sua mãe, Alberta. É uma das poucas cartas menos formais que existem no livro e acaba por nos aproximar mais da figura materna. O conteúdo da carta também revela quem era essa mãe interessada não só em saber sobre os estudos, mas também da vida amorosa do filho (veja na página 75!).

Cartas para a minha mãe, de Teresa Cárdenas, editora Pallas (2010)

"Eu estaria melhor aí com você. Todas as noites, espero que venha com sua pipa e me convide a morrer de uma vez. Já é março. As flores só faltam saltar a nossos pés quando olhamos para elas."

Observação particular: São cartas de um longo período de luto vivido por uma filha, ainda criança. Na narração do dia a dia, o contexto familiar, os hábitos e os costumes da avó preta, a relação com a cor da pele e uma despedida paulatina de uma mãe.

Correspondência Mário de Andrade & Manuel Bandeira, organizado por Marcos Antonio de Moraes, editora Edusp (2001)

"As cartas de Mário oferecem o testemunho que recorta a biografia, o itinerário intelectual e a paisagem do cotidiano; resolve enganos, fecha lacunas e focaliza o contexto do país e do mundo."

Observação particular: Vá para a página 435, "Carta a Manu", como carinhosamente Mário chamava o amigo, e leia sobre a descoragem de publicar um livro numa época em que "nem se sabe o Brasil que irá dar".

Correspondência Mário de Andrade & Tarsila do Amaral, organizado por Aracy Amaral, editora Edusp (2001)

"Diálogo entre o escritor e uma artista plástica – cujo principal meio de expressão não é a linguagem escrita; das relações entre Mário de Andrade e uma mulher marcante em que afloram, de um lado, a reverência e admiração do poeta pela beleza e inteligência da pintora. De outro, a faceirice do sorriso de Tarsila."

Observação particular: Mário não se furta a fazer confidências de si próprio, mas resguarda sempre a intimidade da pessoa com quem se corresponde. É bonito observar esse cuidado nas cartas em que troca com Tarsila, como nas entradas "dona Tarsila", "gente boa".

Correspondências, de Clarice Lispector, editora Rocco (2002)

"As cartas reunidas neste livro nos dão a medida do que significava partilhar suas inquietações, descobertas, dúvidas e conselhos e sua produção literária. *Correspondências* inclui 129 cartas que cobrem a década de 1940 até pouco antes da morte da autora."

Observação particular: O ritmo das respostas lentas – e esperadas – é uma das delícias a se apreciar neste livro que nos alerta sobre outras possibilidades de tempo que não as que vivemos hoje. São preciosos os momentos em que partilha com a amiga Mafalda Verissimo os feitos dos filhos ou as descobertas em Nova York.

Formas de pensar o desenho, Edith Derdyk, editora Panda Educação (2015)

"Em 1988, foi publicado pela primeira vez e se tornou clássico de referência nos estudos sobre o universo gráfico infantil. Na nova edição, revisada e ampliada, a autora compartilha sua experiência de mais de trinta anos como artista e educadora, em um texto propositivo e reflexivo que ressignifica as conexões entre arte e educação, com base na observação sensível dos desenhos produzidos pelas crianças."

Observação particular: A leitura vai além do universo da educação infantil, permeando temas como a imitação e a cópia, a fala, a escrita, a observação, a memória e a imaginação a partir da ótica do adulto e de sua paisagem cultural.

Frida Kahlo: Confidences, de Salomon Grimberg, editora Chêne (2008)

"Em confidências, a artista, pela primeira vez, nos cede a possibilidade de adentrar os pensamentos de sua intimidade. Um texto autobiográfico enriquecido pelo olhar de sua amiga e psicóloga, Olga Campos, que está presente na narrativa."

Observação particular: Uma mistura de diário com cartas, notas e relatórios médicos, esse livro é um mergulho no universo da pintora – não apenas por meio de suas pinturas, mas muito pelo que ela carregava em pensamentos. A obra propõe uma análise da vida interna de Frida em vez da vida que se pendurava nas paredes e tinha cores.

Minhas queridas, Clarice Lispector, editora Rocco (2007)

"Tem importância singular para entender a trajetória literária de Clarice e, mesmo, apontar novas leituras sobre a sua biografia. Organizado pela professora Teresa Montero, o livro traz 120 cartas inéditas escritas por ela para as irmãs, Tania Kaufmann e Elisa Lispector, entre 1940 e 1957. Enquanto relata suas impressões sobre as 31 cidades por onde passa, as novidades da literatura, da música, do cinema e do teatro, a descrição do seu processo criativo, suas angústias acerca da publicação e repercussão de seus livros, a escritora mostra a história do amor e da ternura entre ela e suas irmãs, enquanto a vida privada é pontuada por momentos importantes da história política da Europa e dos Estados Unidos."

Observação particular: É delicioso partilhar da intimidade de Clarice! E é comovente perceber a doçura com que ela trata as irmãs e a sobrinha, Marcia, de quem sempre pede novos desenhos em suas cartas. Ao longo do livro, há uma série de passagens belíssimas, como: "É preciso ter coragem para ter vida nova (...). Estamos espiritualmente cansados, fisicamente cansados (...). Imagina que daqui a uns anos estaremos exaustos. O corpo e a cabeça ficam constantemente procurando uma adaptação, a gente fica fora de foco, sem saber mais o que é e o que não é. Nem meu anjo da guarda sabe mais onde moro". Como escreveu Otto Lara Resende, em *Eu sou uma pergunta* (Rocco, 1999): "Ler as cartas de Clarice é como saborear garrafas de champanhe espumante".

O mundo desdobrável, Carola Saavedra, editora Relicário (2021)

"Como o título diz, é um livro múltiplo, com várias leituras possíveis, mas, sobretudo, que apresenta uma visão de mundo plural, variada, com poesia, antropologia, sociedade, feminismo e muita, muita literatura. Cada um desses aspectos é trabalhado em um dos ensaios do livro e a leitura do todo é o que garante que a gente saia dele com a cabeça cheia de novidades, e pronto para fazer nossos próprios desdobramentos. O livro é um convite para isso."

Observação particular: Literatura contemporânea imperdível! O capítulo "Literatura como recriação de mundos" (página 187) é pura inspiração para quem deseja escrever ou ler (cartas ou qualquer coisa que seja!). O livro termina com o belo poema *O mundo desdobrável*, cuja segunda página traz assim:

> *no mundo desdobrável*
> *tudo*
> *fala*
> *se inscreve*
> *na areia*
> *em pequenas estrelas*
> *cadentes*
> *que o mar levou*

O sol e o peixe, de Virginia Woolf, editora Autêntica (2015)

"Que sei eu? Que sei eu do eu? E de quantos eus somos, afinal, feitos? Entendem-se entre si? ao menos se falam? um sabe o que o outro faz? e as nossas memórias, como se formam?"

Observação particular: Não é um livro de cartas ou correspondências, mas é uma obra que propõe um mergulho na intimidade interna, o que é muito presente nas trocas de cartas. Adentrar as particularidades de quem escreve e de quem se corresponde é uma das premissas que também aparece neste livro-ensaio.

***Os diários de Virginia Woolf – Volume I, Diário I (1915-1918)*, editora Noz (2021)**
"Enquanto navios eram afundados durante as guerras, enquanto as cidades eram bombardeadas por inimigos, e enquanto a gripe espanhola assolava as populações do mundo, Virginia escrevia, todo dia, nos dando o testemunho de si e do seu tempo."

Observação particular: Os diários dela são um lugar de reconhecimento de voz interna, é uma espiada pelo buraco da fechadura tanto na intimidade de uma das maiores escritoras, quanto no reflexo que ela provoca em nossa intimidade. Woolf mergulha nas questões do "eu" e dá ao leitor a possibilidade de se observar no processo.

***Prezado senhor, prezada senhora*, organizado por Walnice Nogueira Galvão e Nádia Battella Gotlib, editora Companhia das Letras (2000)**
"Situada no terreno intermediário entre o ficcional e o histórico, entre o prosaico e o poético, a literatura epistolar traz à tona perfis que vão sendo desenhados com a caligrafia daqueles que teimam em driblar as distâncias determinadas pela comunicação escrita. Autorretrato, sem dúvida, mas também relevo das relações pessoais e cenários de época que elas, as cartas, acompanham com a força surpreendente das confissões."

Observação particular: Para quem gosta de escrita de cartas e sempre teve vontade de saber o contexto por trás de uma determinada carta, esse é o melhor livro. Talvez um dos poucos na literatura brasileira que se propõe a desvendar — ou descortinar — o contexto dessa escrita. Os autores vão atrás das histórias que estão nas linhas do texto e contam mais, muito mais, aos leitores.

Sontag: Vida e obra, de Benjamin Moser, editora Companhia das Letras (2019)

"Susan Sontag é uma escritora que representa como ninguém o século XX americano. Envolta em mitos e incompreendida, louvada e detestada, ela foi uma menina dos subúrbios que se tornou símbolo do cosmopolitismo. Sontag deixou um legado intelectual que abrange uma imensidade de temas, como arte e política, feminismo e homossexualidade, medicina e drogas, radicalismos e fascismo, e que é uma chave indispensável para entender a cultura da modernidade."

Observação particular: Polêmica pelo ângulo sob o qual conta a vida e a obra da escritora, a biografia é recheada de trechos dos muitos diários de Sontag, elaborados ao longo da vida, como recurso para marcar seus registros pessoais. Ler esses fragmentos é revelador — emocionante mesmo.

Tantãs, de Eva Furnari, editora Moderna (2019)
"Aos bules que não servem chá nem café. Livro de pequenos contos e cada narrativa traz um pequeno absurdo: psicólogos que tratam de eletrodomésticos, gênios que mudam penteados..."

Observação particular: A subversão da escritora nesse livro de contos é deliciosa e, logo no primeiro, existe um carneiro chamado Neno que quer ser carteiro. Ah, os carteiros...

Todas as cartas, de Clarice Lispector, editora Rocco (2020)
"Um conjunto de praticamente meia centena de cartas inéditas que abordam temas da mais alta relevância de seu itinerário literário e biográfico. Além do puro prazer da leitura descompromissada. Isso porque, ao mesmo tempo em que nos descortina aspectos pessoais familiares, de amizade e profissionais, revela muito da gênese de seus livros."

Observação particular: As trocas entre ela e a irmã Elisa são de uma intimidade deliciosa de acompanhar.

Referências bibliográficas

ALVES, Rubens. *Sobre o tempo e a eterna idade*. Campinas: Papirus Editora, 1995.

BAUMAN, Zygmunt. *Tempos líquidos*. Rio de Janeiro: Zahar, 2007.

DERDYK, Edith. *Formas de pensar o desenho*: Desenvolvimento do grafismo infantil. São Paulo: Panda Books, 2020.

GINZBURG, Natalia. *As pequenas virtudes*. São Paulo: Companhia das Letras, 2020.

KAFKA, Franz. *Letters to Milena*, The Schocken Kafka Library. Nova York: Schocken Books, 2013.

LISPECTOR, Clarice. *Todas as cartas*, p. 135. São Paulo: Rocco, 2020.

LISPECTOR, Clarice. *Minhas queridas*. São Paulo: Rocco, 2007.

MERLEAU-PONTY, Maurice. *O olho e o espírito*. São Paulo: Cosac Naify, 2004.

MORAES, Marco Antonio (org.). *Correspondência Mário de Andrade e Manuel Bandeira*, p. 182. São Paulo: Edusp, 2001.

NAZARIAN, Elisa. *Cartas da Biblioteca Guita e José Mindlin*. São Paulo: Terceiro Nome, 2008.

Índice afetuoso

Arte 88, 101, 104, 105

Cinema + seriados 78, 80, 98

Dança 60, 65, 68, 71, 78, 85, 92, 95, 101, 108, 112, 122

Gastronomia + drinques 60, 62, 92, 95, 112

Literatura 60, 62, 65, 68, 80, 85, 88, 104, 108, 115, 126

Mar 68, 71, 74, 78, 85, 98, 112

Música 71, 92, 101, 110, 112, 115

Poesia 71, 92, 101, 104, 110, 112, 115

Psicanálise 62, 65, 78, 80, 95, 119

Sobre as autoras

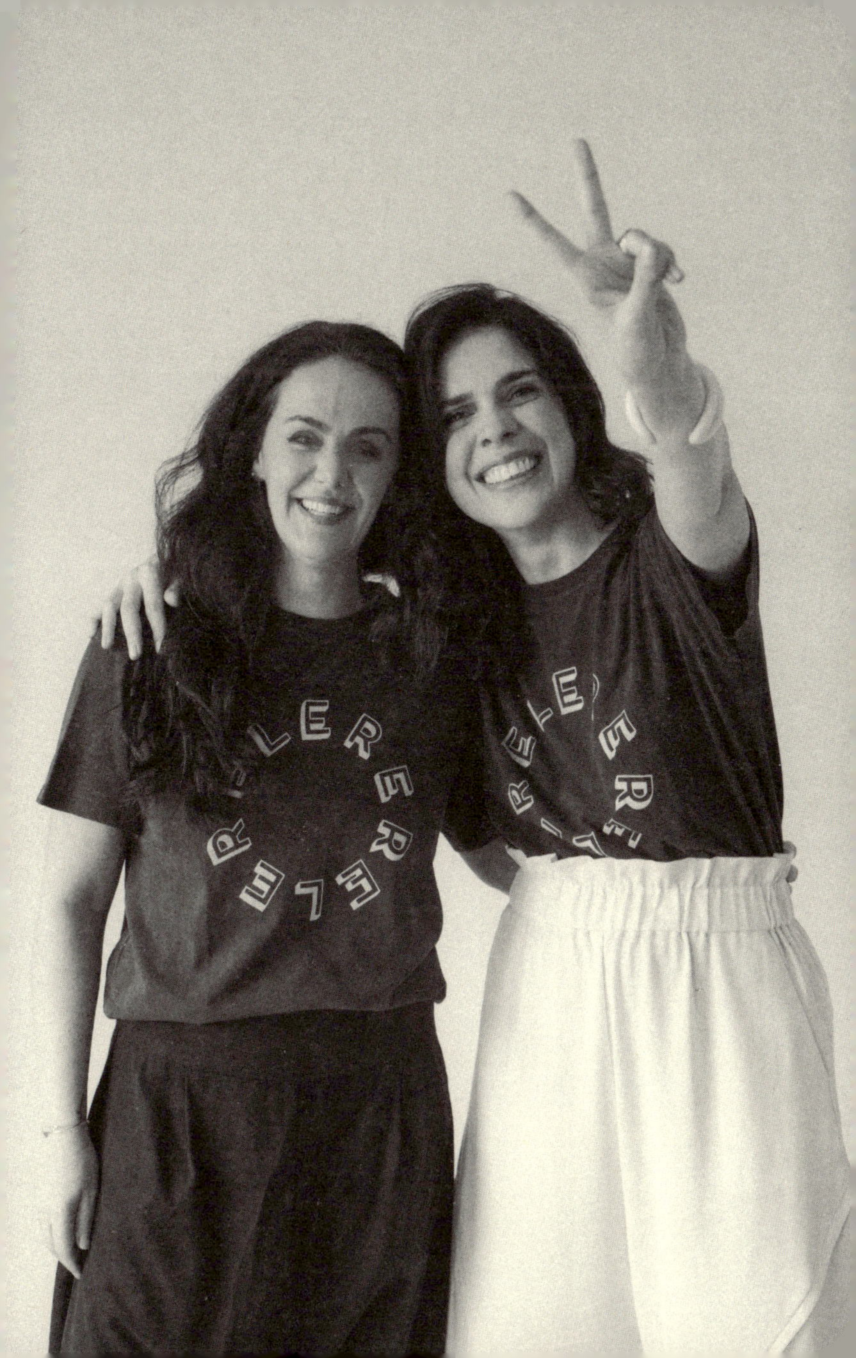

Carolina Delboni escreve. Faz da palavra sua bandeira. É seu jeito de ser semente no mundo. Jornalista e escritora, é colunista do *Estadão*, especialista em educação e adolescência, atua na construção de conhecimento. Pedagoga e pós-graduada em educação infantil, com especialização em garantia de direitos da criança pequena através de práticas de leitura literária, foi redatora-chefe da revista *Pais&Filhos* por 5 anos.

Também escreve sobre pautas femininas e feministas na revista *Tpm* e como colunista do site *She_Talks*. Atuou por quinze anos em moda, como editora da revista *Vogue*, do jornal *Folha de S. Paulo*, do site *Chic* e do *SPFW* entre outros, o que a permite circular com desenvoltura pelos territórios de comportamento.

Usa o auto-título de "escritora de miudezas literárias" e está cursando a Formação de escritores em não ficção, pelo Instituto Vera Cruz, para tirar as aspas do título. Este é seu primeiro livro, fruto de um mergulho profundo nos processos de escrita e na possibilidade de exercitar o silêncio proporcionado pela pandemia.

Juliana Pinheiro Mota é jornalista, há décadas colaboradora da revista *Vogue*, e criadora de conteúdo estratégico *talkability* para marcas de luxo. Fundadora e curadora da página do Radar55 | @radar55brasil no Instagram: Drops diários de inspiração, desde 2008. Como uma antena que mapeia o desejo coletivo, o Radar55, em sua nova visão, enfatiza movimentos para enlevar o espírito com suas hashtags #danceatéopulmãoinflar e #olharemosmaisparaocéu.

Juliana é mãe de Antonio, de 5 anos. Como a experiência da maternidade é, dentre outras tantas coisas, fonte inesgotável de criatividade, criou também o perfil no Instagram @festivalradarzinho, com ideias para inspirar o dia a dia a partir do universo infantil.

Em sua trajetória profissional, viajou para vários lugares do mundo, editou revistas, livros e sites; e assinou colunas nas revistas *Tpm* e *Domingo*, do Jornal do Brasil.

Segue em busca de um "final interessante". "Final feliz" é pouco.

Este livro é resultado de um profundo desejo de sobreviver, descansar e ser feliz. Tudo isso registrado em palavras, que sempre ajudam a seguir adiante. É um presente. É o presente, rumo a qualquer possibilidade nova de futuro.

Nossos agradecimentos

Nosso primeiro "muito obrigada" é endereçado à Tainã Bispo, da editora Claraboia. Foi ela quem, no começo de tudo, marcou uma conversa via Zoom na qual nos convidou para realizar este livro. Ela quem leu o primeiro arquivo de Word com a nossa correspondência completa em ordem cronológica. As cartas inéditas que fazem parte deste livro foram escritas porque ela pediu - e que bom que ela nos pediu. Também os textos de cada uma de nós que abrem esta edição só existem por conta de seu olhar como editora, que queria fazer deste livro uma reflexão sobre trocas de correspondências na literatura e na vida privada da gente, ontem, hoje e uma certa especulação sobre como será no futuro. Fizemos dele também um amoroso e por vezes entristecido e colérico registro desse tempo que pandêmico.

O título também foi Tainã que encontrou no meio de suas leituras das nossas escritas originais. Adoramos. Para nós, a interpretação é que o lugar de fazer morada é a palavra. Nesse sentido, nossas palavras acabaram por fazer morada em outro endereço, a mapa lab, responsável por tornar este livro uma alegre e querida realização para nós que desejávamos tão profundamente compartilhar nossas cartas com o maior número de pessoas possível. Elas precisavam nos transbordar, desde o princípio, no Instagram, com a arte da capa digital

criada por Claudio Reston (mais um "muito obrigada"!).
Sempre foi assim.

Nosso "muitíssimo obrigada" a Juliana Suassuna, artista talentosa que traduziu nossas palavras em seus bordados, tão delicados quanto potentes - e que agora, viva!, ilustram este livro. Escrito por Aurea Vieira, o prefácio deste livro nos tocou fundo quando o recebemos. Ao o lermos foi como se alguém que nos acompanhou durante esse tempo todo, ali do outro da tela, nos compreendesse completamente. E essa sensação de sermos lidas e compreendidas, sobretudo no campo do sensível, é algo belo. Um lugar de fazer morada também.

**Agradecimentos particulares,
por Juliana Pinheiro Mota**

Obrigada a Luiz Antonio Ryff pelas leituras atentas, sempre seguidas de sugestões bonitas e incomuns. Nesse tempo parado que voava durante a quarentena, as músicas, poemas e experiências gastronômicas que me enviava diariamente, sem que soubesse, serviram de inspiração para minhas trocas com Carolina. Isso inclui a receita de Lillet, obrigada pelas garrafas que nunca deixou faltar aqui em casa, em São Paulo, mesmo estando no Rio. E como não poderia deixar de ser, meu agradecimento à minha tia Margarida, que me ensinou tanto, e ao meu filho Antonio, que segue me ensinando, dia após dia. É por essas e outras que sempre damos um jeito de fugir para ver o mar - e amar.

Isso Carol e eu temos em comum.

Obrigada eterno a você, Carolina.

Agradecimentos particulares, por Carolina Delboni

Obrigada ao Tempo. Tempo com letra maiúscula mesmo, aquele de que canta Caetano. "És um senhor tão bonito". Compositor de destinos, me foi parceiro enquanto eu olhava o mar e escrevi à Juliana. Foi este Tempo que lia meus escritos, que me soprava coisas ao ouvido e que me dizia "escreve, escreve". Agradeço a ele pela existência tão física nesses tempos tão áridos e que nos escapavam a cada 24h ininterruptas. Obrigada ao Pedro, Lucas, Felipe, meus três meninos que me permitiram suas deliciosas companhias. Ao Daniel, sempre ao lado. E minha mãe Stael pelo entusiasmo quando contei que as cartas se tornariam um livro. Estávamos na praia, num daqueles dias ordinários da pandemia e que, por alguma razão descompromissada do Tempo, nos permitia ligar a música no meio da tarde e dançar. Dançar até o pulmão inflar, como me ensinou a amiga Juliana.

A você, meu eterno obrigada também.

Esta obra foi produzida pela mapa lab na primavera de 2021.
O miolo foi impresso em papel pólen bold 90 g/m² usando as fontes Lust e Gimlet.